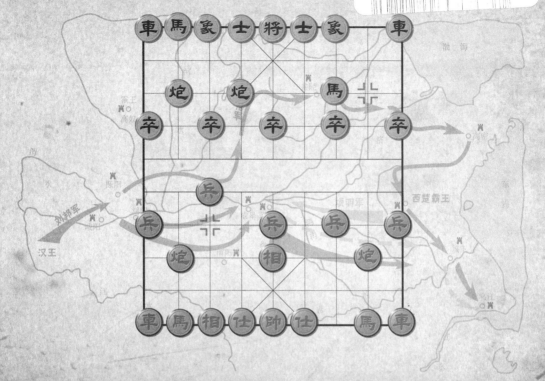

飞相局对左过宫炮

赵寅 编

经济管理出版社·棋书中心

总　序

　　具有初、中级水平的棋友，如何提高棋力？这是大家关心的问题。

　　一是观摩象棋大师实战对局，细心观察大师在开局阶段怎样舒展子力、部署阵型，争夺先手；在中局阶段怎样进攻防御，谋子取势、攻杀入局；在残局阶段怎样运子，决战决胜，或者巧妙求和。从大师对局中汲取精华，为我所用。

　　二是把大师对局按照开局阵式分类罗列，比较不同阵式的特点、利弊及对中局以至残局的影响，从中领悟开局的规律及其对全盘棋的重要性。由于这些对局是大师们经过研究的作品，所以对我们有很实用的价值，是学习的捷径。

　　本丛书就是为满足广大棋友的需要，按上述思路编写的。全套丛书以开局分类共51册，每册一种开局阵式。读者可以选择先学某册开局，并在自己对弈实践中体会有关变化，对照大师对局的弈法找出优劣关键，就会提高开局功力，然后选择另一册，照此办理。这样一册一册学下去，掌握越来越多的开局知识，你的开局水平定会大为提高，赢棋就多起来。

　　本丛书以宏大的气魄，把象棋开局及其后续变化的巨大篇幅展示在读者面前，是棋谱出版的创举，也是广大棋友研究象棋的好教材，相信必将得到棋友们的喜爱。

黄少龙

2013.11.6

前 言

飞相局即起手第一步相三（七）进五的下法，是当代最流行的开局之一。

飞相局的历史由来已久，古谱中即偶有出现。但由于时代的局限，前人片面地认为飞相局只能防守，不能进攻，甚至出现了"破相诀"的歌谣，以至于流传下来的古谱中的飞相局远远没有中炮局受棋手青睐。时至今日，经过几代优秀棋手的努力、探索、创新，飞相局已经彻底告别了"攻弱守强"的战术特点，形成寓攻于守、攻守兼备的强势开局，深受专业棋手和广大象棋爱好者的喜爱。可以这样说：想让开局能力完善和提高，学习和掌握飞相局是必不可少的。由于飞相局的优良特性在近年大赛中频频体现，应对飞相也就成为棋手们的日常训练内容，后手出现了多种应招，如左中炮、士角炮、左（右）过宫炮、起马、挺卒、顺象逆象等。

飞相局对左过宫炮的开局特点为：红方出子稳正，双马可根据喜好定型，大子出动速度极快；黑方子力集结于右翼，通过对红棋左翼的压迫取得对抗。双方往往在河口争夺开打"第一仗"。

本书力求反映飞相局的时代背景以及棋局发展的特点，适于中、高级爱好者细细参详。作者精选了170局，均为顶级比赛中的精彩对局。

本书在编写中幸得好友刘锦祺先生不厌其烦的帮助与支持，不胜感激！此外，男子象棋国家大师邹立武、女子象棋国家大师赵冬、女子象棋国家大师梅娜、安徽省象棋大师王卫锋及棋友李云光、王青、雷红为本书提供了资料，并且提出了很多建议，在此一并感谢。

限于自身水平有限，如有不当之处，请广大棋友不吝赐教。

赵寅

2014 年 8 月 6 日

目　录

第一章 红进三路马变例

第1局 于幼华胜赵国荣

1. 相三进五　炮8平4
2. 马二进三　马8进7
3. 车一平二　车9平8
4. 马八进七　卒3进1
5. 兵三进一　车8进4
6. 炮二平一　车8平4（图1）
7. 炮八进四　车4退1
8. 炮八退五　车4进5
9. 炮八进五　车4退5
10. 炮八退五　马2进3
11. 炮八平三　象3进5
12. 车九平八　车1平2
13. 马三进四　炮2进6
14. 车二进七　士4进5?
15. 炮三进一　车4进2?
16. 马四进三　马3进4
17. 仕四进五　车4平2
18. 马三进五!　象7进5
19. 炮一进四　士5退4
20. 炮一进三　士6进5
21. 车二平三!（图2）

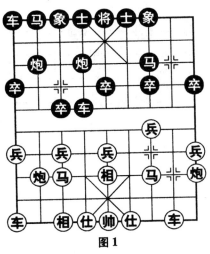

图1

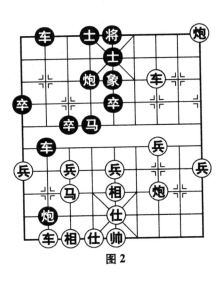

图2

第2局　潘振波负蒋川

1. 相三进五　炮8平4
2. 马二进三　马8进7
3. 车一平二　车9平8
4. 炮二进四　卒7进1
5. 马八进七　卒3进1
6. 炮八平九　马2进1（图1）
7. 车九平八　车1平2
8. 车八进六　炮2平3
9. 车八平六?　士6进5
10. 兵五进一　卒3进1
11. 马七进五　卒3进1
12. 兵五进一　卒5进1
13. 马五进七　车2进4
14. 炮九退一?　车2进4
15. 炮九进一　炮4平5
16. 车二进四　卒5进1
17. 车二平五　卒7进1!
18. 车五进一　卒7进1
19. 马三进五　卒7平6
20. 马五进六　炮3进2!
21. 马六退七　炮3进2
22. 仕四进五　炮5进1（图2）

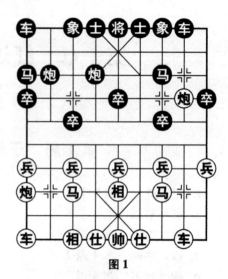

图1

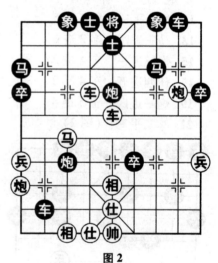

图2

第3局 徐超负王天一

1. 相三进五 炮8平4
2. 马二进三 马8进7
3. 车一平二 车9平8
4. 马八进七 卒3进1
5. 兵三进一 马2进3
6. 炮二进四 炮2进2（图1）
7. 车九进一 卒7进1
8. 兵七进一 卒3进1
9. 兵三进一 炮2平3
10. 马七退五 车1平2
11. 炮八平七 炮3进3
12. 马五进七 车2进4
13. 车九平六？ 马3进4
14. 车六平三 卒3进1
15. 兵三进一 马7退9
16. 炮二退二 象7进5
17. 马七退九 车8进4
18. 车三平二 马9退7
19. 兵五进一 马7进6
20. 兵五进一？ 马6进5
21. 马三进四 车8进1！
22. 前车进三 马5进6！
23. 前车退三 马4进6
24. 仕四进五 后马退7（图2）

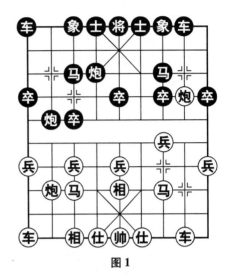

图1

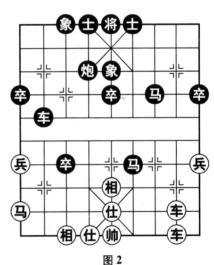

图2

第 4 局　张强胜黎德志

1. 相三进五　炮8平4
2. 马二进三　马8进7
3. 车一平二　卒7进1
4. 兵七进一　象3进5
5. 马八进七　车9进1
6. 炮八平九　马2进1（图1）
7. 车九平八　车1平2
8. 炮二进六　炮2进6
9. 车二进一　炮2退1
10. 炮九进四　车2进1
11. 马七进六　卒3进1?
12. 兵七进一　象5进3
13. 马三退五!　象7进5
14. 马五进七　炮4平3
15. 兵九进一　炮3进5
16. 马六退七　车9平8
17. 车二进七　车2平8
18. 车八进二　车8进4
19. 兵九进一　马1进3
20. 车八进五　象3退1?
21. 车八平七!　马3进1
22. 车七平五　马7退5
23. 车五平八　车8平1
24. 车八退一　车1平6
25. 车八退一（图2）

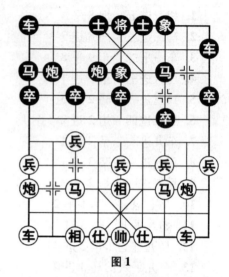

图 1

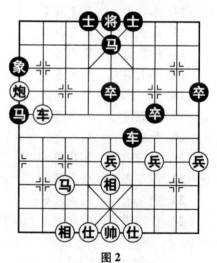

图 2

第5局　程进超负谢靖

1. 相三进五　炮8平4
2. 马二进三　马8进7
3. 车一平二　车9平8
4. 兵七进一　车8进4
5. 炮二平一　车8平4
6. 马八进七　卒3进1（图1）
7. 车二进四　马2进3
8. 兵七进一　车4平3
9. 车二平七?　车3进1
10. 相五进七　象3进5
11. 兵三进一　马3进4
12. 仕六进五　车1进1
13. 炮八平九　炮2进1
14. 相七进五　炮2平3
15. 马七退六　车1平2
16. 兵九进一　炮3进1
17. 炮九进四　卒7进1
18. 兵三进一?　炮3平7
19. 马六进七　炮7进2
20. 兵五进一　车2进5
21. 兵一进一　马4进6
22. 马七进五　马7进6
23. 炮一进一　前马进8!
24. 炮一平三　马6进7
25. 相五退三　马7进5!（图2）

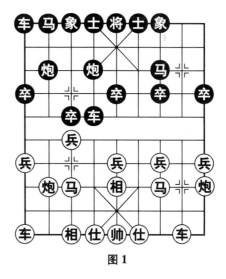

图1

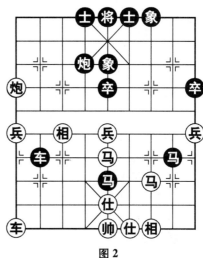

图2

第6局　苗利明胜李少庚

1. 相三进五　炮8平4
2. 马二进三　卒7进1
3. 兵七进一　马8进7
4. 车一平二　象3进5
5. 马八进七　马2进1
6. 兵九进一　卒3进1（图1）
7. 兵七进一　车1平3
8. 炮八平九　车3进4
9. 车九平八　炮2平3
10. 马七进六　车9进1
11. 炮二进六　卒1进1
12. 炮九进三　车3平4
13. 马六退七　卒9进1
14. 车八进六　卒9进1
15. 马七进八　车4进1
16. 马三退五　卒9平8
17. 马五进七　炮3进4
18. 炮二平九！　车9平3
19. 车八进一　象5退3
20. 车二进一　士6进5
21. 前炮进一　炮4平6
22. 车二平四　象7进5？
23. 车八平五　车4平2
24. 车四进六　马1进3
25. 车五退一　车2退3？
26. 车五平七！（图2）

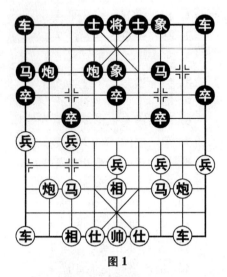

图1

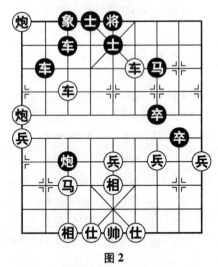

图2

第7局 许银川胜蒋川

1. 相三进五　炮8平4

2. 马二进三　马8进7

3. 车一平二　卒7进1

4. 炮二平一　马2进3

5. 兵七进一　炮2平1

6. 马八进七　车1平2（图1）

7. 车九平八　象3进5

8. 车二进四　车9平8

9. 车二进五　马7退8

10. 炮一进四　马8进7

11. 炮一平三　炮1进4?

12. 炮八进四　炮1退1

13. 车八进四　卒1进1

14. 马七进六　士6进5

15. 马六进七　炮4进5?

16. 马三退五　炮1进1

17. 马五进七　炮1平3

18. 兵七进一　炮4进1

19. 车八退一!　炮4平3

20. 后马退五!　前炮退4

21. 车八平七　车2进3

22. 马七进五　车2进1

23. 前马进三　将5平6

24. 兵五进一　马7进9

25. 兵五进一　马9进8

26. 炮三平四（图2）

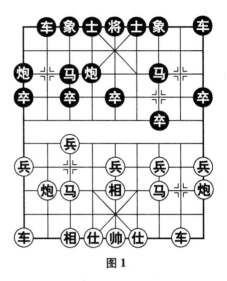

图1

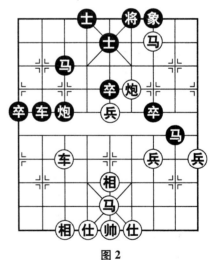

图2

第8局 曹岩磊负洪智

1. 相三进五 炮8平4

2. 马二进三 马8进7

3. 车一平二 车9平8

4. 炮二进四 卒7进1

5. 马八进九 马2进3

6. 炮八进二 象7进5（图1）

7. 炮八平七？ 炮2进5！

8. 马三退五 马3退1

9. 车九平八 车1平2

10. 炮七平九 马1进3

11. 车二进四 士6进5

12. 炮九平八 炮2平4

13. 炮八进二 前炮退1

14. 兵七进一 前炮平7

15. 兵九进一 炮4进4

16. 马五进七 马7进6

17. 车二平四 车8进3

18. 车四进一 车8进2

19. 仕四进五 炮7进1

20. 车四退三 炮7进1

21. 兵五进一 炮7平9

22. 车四平一 车8进4

23. 仕五退四 炮9进1

24. 仕六进五 炮4平7

25. 车一平三 炮7平2

26. 炮八退二 炮2平6

27. 车三平一？ 车2进4

28. 马七进五 车2平6！（图2）

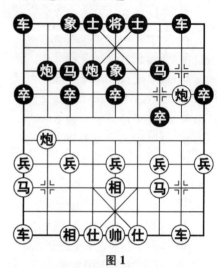

图1

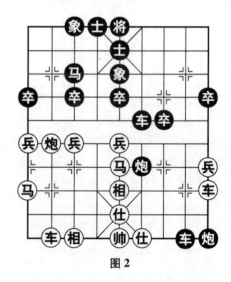

图2

第9局 孙勇征胜蒋川

1. 相三进五 炮8平4
2. 马二进三 马8进7
3. 车一平二 车9平8
4. 马八进七 卒3进1
5. 炮八平九 马2进1
6. 兵三进一 车1平2?（图1）
7. 炮二进四 炮2平3
8. 车九平八 车2进9?
9. 马七退八 车8进1
10. 炮九进四 车8平2
11. 炮九平三! 象3进5
12. 马八进九 马1进2
13. 马三进四 卒3进1
14. 相五进七 马2进4
15. 马四进六 炮3进2
16. 马六进四 士4进5
17. 车二进五 炮3退1
18. 兵五进一 车2进6
19. 车二平六 炮3平6
20. 炮二平四 车2平6
21. 炮四进二 象7进9
22. 炮四平二 车6退4?
23. 炮二退一! 车6平7
24. 炮二平五 将5平4
25. 炮五平一 马7退8
26. 炮一进二 马4进3
27. 车六平二 车7进2
28. 车二进四 将4进1
29. 兵九进一 车7平5
30. 仕四进五（图2）

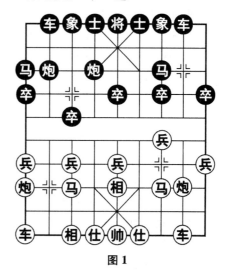

图1

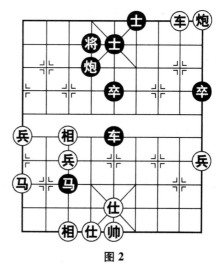

图2

第 10 局　柳大华负蒋川

1. 相三进五　炮8平4
2. 马二进三　马8进7
3. 车一平二　车9平8
4. 马八进七　车8进4
5. 兵三进一　马2进3
6. 炮八平九　车1平2（图1）
7. 炮二平一　车8进5
8. 马三退二　卒3进1
9. 马二进三　马3进4
10. 车九平八　炮2进6
11. 炮九进四　象7进5
12. 兵七进一　卒3进1
13. 相五进七　卒7进1
14. 兵三进一　象5进7
15. 炮九退一?　象7退5
16. 相七进五　车2进3
17. 炮九退一　炮4平3
18. 马七进六　士6进5
19. 炮一退一　炮2退1
20. 马三进二　马4进6
21. 车八进一?　卒5进1
22. 炮九进一　炮2退1!
23. 仕六进五　马6进8
24. 炮一平四　卒5进1!
25. 马六进七　卒5进1
26. 马七退五　马8进7
27. 仕五进四　卒5进1
28. 马五退六　车2平5
29. 仕四进五　炮2平9
30. 车八进四　车5进3（图2）

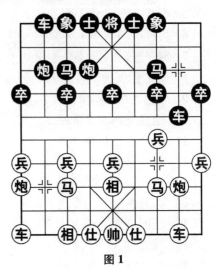

图 1

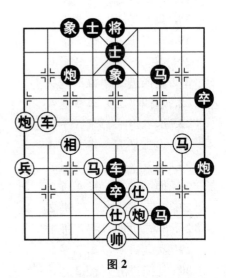

图 2

第11局 刘宗泽负孙浩宇

1. 相三进五　炮8平4　　　2. 马二进三　卒7进1

3. 车一平二　马8进7　　　4. 兵七进一　马2进1

5. 马八进七　象3进5

6. 炮八平九　炮2平3（图1）

7. 车九平八　卒3进1

8. 炮二平一　卒3进1

9. 相五进七　车1平3

10. 相七退五？马1进3

11. 马三退五　炮4进6

12. 车二进四　卒7进1

13. 车二平三　车9进1

14. 马七进六？车9平2

15. 炮九平八　马3进5

16. 车三平五　马7进8

17. 车五平二　马5进4

18. 马五退三　炮3进5！

19. 炮一退一　炮4退3

20. 车二平六　马4进2

21. 炮一平八　车2平6

22. 车六平八　马8进6

23. 兵五进一　炮3退1

24. 前车退二　炮3平5

25. 仕六进五　马6进7

26. 帅五平六　炮5进2！

27. 仕四进五　马7进5

28. 帅六平五　马5进7

29. 相五退三　车3进8

30. 前车平六　象5退3

31. 相七进五　士6进5（图2）

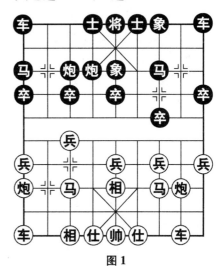

图1

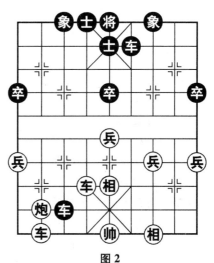

图2

第 12 局　陈翀负赵鑫鑫

1. 相三进五	炮8平4	2. 马二进三　马8进7
3. 车一平二	车9平8	4. 炮二进四　卒7进1
5. 马八进七	马2进1	6. 炮二平三　炮2平3（图1）

7. 车九平八　车1平2

8. 炮八进四　卒3进1

9. 炮八平七　象7进5

10. 车八进九　马1退2

11. 车二进九　马7退8

12. 兵五进一　炮4进5

13. 马三进五　马2进1

14. 兵三进一　马8进7

15. 炮七平八?　炮4退1

16. 炮八进一　马7退8

17. 相七进九　卒1进1

18. 炮八退三　马8进6

19. 炮三平二?　炮3进4

20. 兵三进一　象5进7

21. 马五进三　马6进4

22. 炮八退三　炮4进1

23. 相五进七　炮3平2

24. 马七进六　卒3进1

25. 马六进五　马4进6

26. 马三退二　士6进5

27. 兵五进一　马6进5

28. 马五进三　炮4平5!

29. 马二进三　马5进6!

30. 帅五进一　马6退7

31. 帅五进一　马1进3

32. 炮八平七　马3进4（图2）

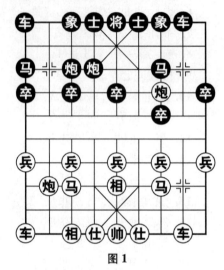

图 1

图 2

第 13 局 景学义负王天一

1. 相三进五 炮8平4	2. 马二进三 马8进7
3. 车一平二 车9平8	4. 炮二进四 卒7进1
5. 炮二平三 卒3进1	6. 马八进九 马2进3（图1）

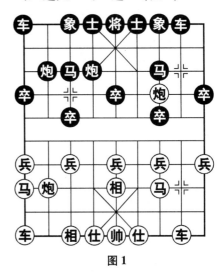

图 1

7. 车九进一 炮2平1	
8. 车九平二 车1平2	
9. 炮八进四? 车8进8	
10. 车二进一 马7退5	
11. 车二平六 炮4进1	
12. 炮三平六 车2进3	
13. 炮六平一 车2进2	
14. 炮一退一 车2平6	
15. 车六进七 车6进2	
16. 马三退二 炮1进4	
17. 炮一平七 象3进1	
18. 炮七进一 卒5进1	
19. 炮七平八 炮1平5	
20. 仕六进五 车6退4	
21. 马二进三 炮5进2!	
22. 炮八退五 炮5平7	
23. 炮八平五 马5进4	
24. 车六退一? 士6进5!	
25. 车六平七 将5平6	
26. 炮五进四 车6进6	
27. 帅五进一 马4进5	
28. 炮五平八 车6退1	
29. 帅五退一 马5进4	
30. 帅五平六 马4进2	
31. 帅六平五 车6进1	
32. 帅五进一 马2进4（图2）	

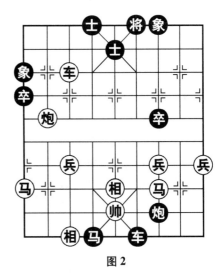

图 2

第 14 局　于幼华负赵国荣

1. 相三进五　炮8平4
2. 马二进三　马8进7
3. 车一平二　车9平8
4. 马八进七　卒3进1
5. 兵三进一　马2进3
6. 炮二进四　炮2进2（图1）
7. 兵七进一　卒3进1
8. 相五进七　马3进4
9. 相七退五　卒7进1
10. 兵三进一　炮2平7
11. 车九平八　车1进1
12. 炮八进五　象7进5
13. 马七进八　马4进3
14. 马八进七　车1平3
15. 车八进四　马3退4
16. 车八平七　炮4平3
17. 马七退六　车3平2
18. 炮八退一　炮3平4
19. 炮八平六　车2平6
20. 仕四进五　士6进5
21. 车二进四　炮7进2
22. 车二平三　马7进8
23. 马六退七　车6进7
24. 炮二平三　炮7退3
25. 炮六平三　马8进6
26. 炮三进二?　车8进1
27. 马七进六?　象5进7!
28. 马三进四　马4进6
29. 马六进七　炮4平7
30. 车三进一　炮7平3!
31. 车三退五　炮3进3
32. 相五进七　马6进8
33. 车三进三　马8退7（图2）

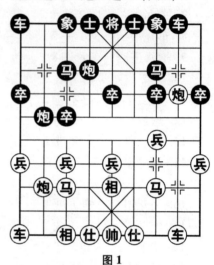

图1

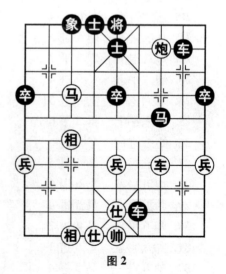

图2

第15局 宋国强负苗永鹏

1. 相三进五 炮8平4

2. 马二进三 马8进7

3. 车一平二 卒7进1

4. 兵七进一 车9进1

5. 马八进七 卒3进1

6. 兵七进一 车9平3（图1）

7. 兵七进一 车3进2

8. 马七进八 车3退1

9. 炮八平九 车3进4

10. 炮二进一 车3进2

11. 仕四进五 马2进3

12. 炮九平七 炮4进6

13. 仕五进六 车3平2

14. 马八进七 马3退5

15. 车二进一 炮2平4

16. 车九进二 车1平2

17. 兵五进一 后车进3!

18. 马三进五 后炮进4!

19. 炮二进三 后车进4

20. 车九平八 车2退1

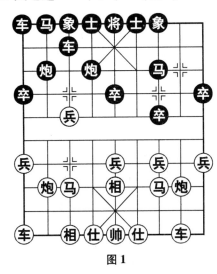

图1

21. 炮七进二？ 马7进6

23. 车四进七 后炮平3

22. 车二平四？ 马6进5

24. 炮二进三 后马进3

25. 车四进一 将5进1

26. 炮七进三 炮3退4

27. 车四平五 将5平6

28. 车五平四 将6平5

29. 车四平五 将5平6

30. 车五平四 将6平5

31. 车四退六 炮3进7

32. 帅五进一 马5进3

33. 车四进三 象7进5

34. 车四平五 炮3退6

35. 车五平七 炮4平1

36. 炮二退三 马3进4（图2）

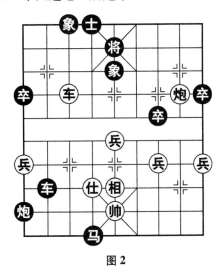

图2

第16局　张晓平负李鸿嘉

1. 相三进五　炮8平4
2. 马二进三　马8进7
3. 车一平二　卒7进1
4. 炮二平一　马2进1
5. 兵九进一　炮2平3
6. 马八进九　车1平2（图1）
7. 车九平八　车2进4
8. 车二进四　车9平8
9. 车二进五　马7退8
10. 炮一进四　马8进7
11. 炮一退二　象7进5
12. 炮一平七？炮3进3
13. 兵七进一　卒1进1
14. 兵九进一　车2平1
15. 炮八平六　马7进6
16. 车八进七？士6进5
17. 马九进八　马1进2
18. 仕四进五　马2进4!
19. 炮六进五　士5进4
20. 车八平六　车1平2
21. 马八退九　士4进5
22. 车六进一　马4进6
23. 仕五进四　车2进2
24. 兵五进一　后马进7
25. 马九退七　车2退2
26. 车六退五　车2平6
27. 仕六进五　马7进9
28. 相五退三　马9进7
29. 帅五平六　卒7进1
30. 马七退五　马7进9
31. 马三退二　卒7平6
32. 相七进五　车6平7
33. 车六进三　马9退8
34. 马二进一　卒6平5
35. 车六平五　车7平4
36. 仕五进六　马8进6
37. 帅六进一　车4平2!（图2）

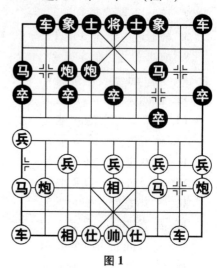

图1

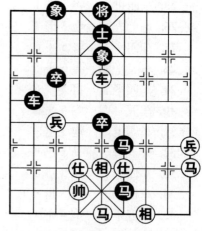

图2

第17局　赵国荣负赵鑫鑫

1. 相三进五	炮8平4	2. 马二进三	马8进7
3. 车一平二	车9平8	4. 炮二进四	卒7进1
5. 炮二平三	卒3进1	6. 炮八平七	马2进3（图1）
7. 马八进九	炮2进5		
8. 车九平八	车1平2		
9. 兵七进一	马3进4！		
10. 兵七进一	马4进6		
11. 车二进九	马7退8		
12. 炮三平九	马6进4		
13. 车八进一	马4退3		
14. 炮九平一	马8进7		
15. 炮一退一？	马3进4		
16. 兵三进一？	卒7进1		
17. 相五进三	炮4平2		
18. 车八平六	马4退5		

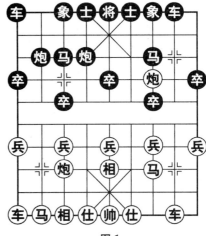

图1

19. 相三退五	前炮平5	20. 马九进七	炮5平6
21. 车六平四	马5进7	22. 炮一平三	象7进9
23. 炮三平八	炮2平6	24. 车四平六	前炮退1！
25. 车六进六	士4进5	26. 车六退二	前炮平3
27. 炮七平八	车2平1		
28. 相七进五	前马退6		
29. 兵一进一	象3进5		
30. 兵一进一	车1进6		
31. 后炮平六	炮3进1		
32. 炮八进一	马6进7		
33. 马三进四	车1平5		
34. 炮八进三	炮3平5		
35. 马四退五	车5进1		
36. 仕六进五	前马进5		
37. 车六退一	炮6进6		
38. 炮八退七	炮6平7（图2）		

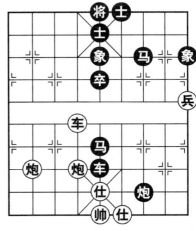

图2

第18局　王天一胜郑惟桐

1. 相三进五　炮8平4
2. 马二进三　马8进7
3. 车一平二　车9平8
4. 马八进七　卒3进1
5. 兵三进一　马2进3
6. 炮二进四　炮2进2
7. 车九进一　车1进1
8. 炮八平九　车1平2（图1）
9. 车九平八　车8进1
10. 兵九进一　卒7进1
11. 炮二平九　车8进8
12. 马三退二　卒7进1
13. 车八进三　马3进1
14. 炮九进四　车2平8
15. 车八平三　象7进5
16. 马二进三　炮2退3
17. 车三平六　士6进5
18. 兵九进一　车8进3
19. 马三进四　车8平6
20. 兵九平八　卒3进1

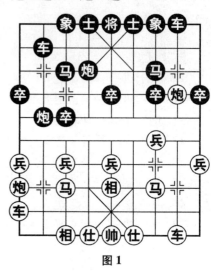

图1

21. 车六平七　车6平2
23. 车七平八　炮2平3

22. 马七退五　车2平5?
24. 马五进三　炮4进5?
25. 马三进二　车5进2
26. 马二进三　炮4退4
27. 车八平七!　炮3平1
28. 炮九退三!　炮4进3
29. 马四退六　车5平7
30. 车七平三　车7退1
31. 相五进三　象5进7
32. 马六进四　士5进4
33. 相三退五　炮1平9
34. 仕四进五　炮9退1
35. 兵七进一　象7退5
36. 马四进二　马7退5

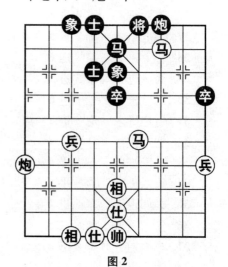

图2

37. 马二进一　炮9平7　　　　38. 马一进三　将5平6

39. 后马退四（图2）

第19局　王天一胜洪智

1. 相三进五　炮8平4　　　　2. 马二进三　马8进7

3. 车一平二　车9平8　　　　4. 炮二进四　卒7进1

5. 兵七进一　象3进5　　　　6. 马八进七　马2进3

7. 车九进一　士4进5

8. 炮二平三　车8进9（图1）

9. 马三退二　车1平4?

10. 炮八平九　炮2进2

11. 车九平八　炮2平6

12. 马七进六　炮6平1

13. 炮九平七　炮4进1

14. 炮三平六　车4进3

15. 马六进七　车4进4

16. 马七进五　象7进5

17. 炮七进五　车4退5

18. 炮七退一　炮1平6

19. 车八平四　车4进3

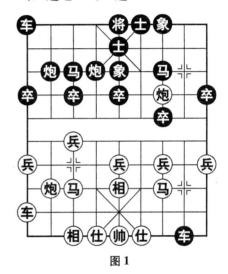

图1

20. 马二进三　卒9进1　　　21. 炮七平八　将5平4

22. 仕四进五　炮6平2　　　23. 车四进五　马7进8

24. 兵三进一!　马8进7　　　25. 兵三进一　炮2进3

26. 马三退二　炮2退1　　　27. 兵三进一　车4平8

28. 马二进三　车8进2　　　29. 车四退四　马7退8

30. 相五退三　炮2平9　　　31. 炮八退四　炮9进3

32. 仕五退四　车8退1　　　33. 车四进三　卒9进1

34. 相七进五　马8进9?　　　35. 炮八进一!　车8进1

36. 马三进四　马9进7　　　37. 炮八退一　马7退5

38. 车四平八　车8进1　　　39. 车八进四　将4进1

40. 炮八平六（图2）

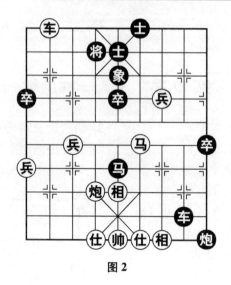

图2

第20局　武俊强胜陈翀

1. 相三进五	炮8平4	2. 马二进三	马8进7
3. 车一平二	车9平8	4. 炮二进四	卒7进1
5. 兵七进一	马2进1	6. 马八进七	炮2平3
7. 车九平八	车1平2	8. 炮八进四	炮4进5（图1）
9. 马三退五	车8进1	10. 马七进六	炮4进1

11. 马五进三　车8平2
12. 车八进一　前车进2
13. 车八平六　前车进5
14. 车二进一　前车平4
15. 车二平六　车2进4
16. 炮二平三　象7进5
17. 车六平四　车2平4
18. 马六进四　士4进5
19. 兵九进一　卒1进1
20. 兵九进一　车4平1
21. 马四进三　炮3平7
22. 车四进五　车1平5
23. 兵一进一　马1进2

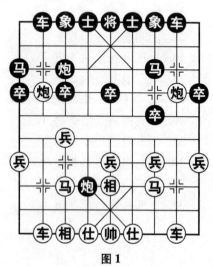

图1

24. 炮三平五　卒 7 进 1?　　25. 车四平三　卒 7 进 1

26. 炮五平一!　炮 7 退 2　　27. 车三退三　车 5 退 1

28. 炮一退一　马 2 进 4

29. 车三平二　马 4 进 3

30. 仕四进五　卒 3 进 1

31. 兵七进一　象 5 进 3

32. 仕五进六　马 3 退 4

33. 仕六进五　象 3 进 5

34. 马三进四　车 5 平 9

35. 兵五进一　炮 7 平 9

36. 车二平六　马 4 退 3

37. 炮一平二　车 9 进 2?

38. 马四进三　车 9 退 2

39. 车六进三　车 9 平 8

40. 马三进五!（图 2）

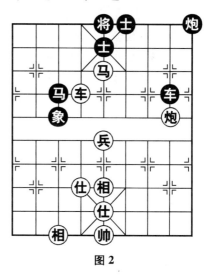

图 2

第 21 局　蔡佑广胜孙浩宇

1. 相三进五　炮 8 平 4　　2. 马二进三　马 8 进 7

3. 车一平二　卒 7 进 1　　4. 马八进七　卒 3 进 1

5. 炮八平九　马 2 进 3　　6. 车九平八　车 1 平 2（图 1）

7. 车八进六　炮 2 平 1

8. 车八平七　车 2 进 2

9. 炮二进五　象 3 进 5

10. 兵五进一　炮 1 退 1

11. 马七进五　炮 1 平 3

12. 车七平九　车 9 进 1

13. 兵三进一　炮 3 平 8

14. 车二平一　马 3 进 4

15. 兵三进一　象 5 进 7

16. 车九平六　炮 4 平 8

17. 车六退一　象 7 进 5

18. 仕四进五　前炮进 2

19. 车六退一　马 7 进 6

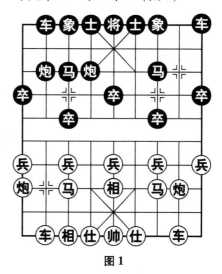

图 1

20. 车六平九　车2平4　　　21. 马三进四　马6退7

22. 车一平四　车4进4　　　23. 马五退三　车4平3？

24. 马四进二　马7进8　　　25. 车四进八　马8退7

26. 兵五进一！炮8进5　　　27. 车四退一　车9进1

28. 兵五进一　士6进5

29. 车四退一　马7退6

30. 车九平三　炮8平1

31. 车三进一　车9平6

32. 车四进二　士5进6？

33. 兵五进一　士6退5

34. 车三平五　炮1退2

35. 车五进一　车3平7

36. 马三进五　马6进7

37. 兵五平四　马7进8

38. 炮九进一　车7退2

39. 兵四进一　马8进7

40. 相五进三！马7进8

41. 车五平二（图2）

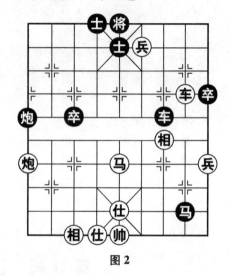

图2

第22局　宋国强负张申宏

1. 相三进五　炮8平4

2. 马二进三　马8进7

3. 车一平二　卒7进1

4. 兵七进一　象3进5

5. 马八进七　车9进1

6. 车九进一　车9平3（图1）

7. 车九平六　士4进5

8. 炮二进六　车3进1

9. 兵五进一　马2进1

10. 马七进五　炮2进3

11. 仕四进五　马7进6

12. 兵五进一　马6进5

13. 兵五进一？马5进3

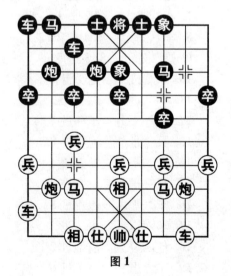

图1

14. 兵五进一　象7进5
15. 车六进四　象5退7
16. 车六平三　车1平4!
17. 车三进四　炮4平5
18. 马三进五　车4进6
19. 炮二进一　将5平4
20. 车三退四　将4进1
21. 车三平八　马1退3
22. 炮二退一　士5进6
23. 炮二平一　车3平4!
24. 车二进八　炮5退1
25. 炮八退二　前车平5
26. 车八进三　车4平3
27. 车二退二　炮5进1
28. 炮一平七　车5平7!
29. 炮七退二　将4退1
30. 车八进一　将4进1
31. 炮七平五　车3进1
32. 车八退一　将4退1
33. 车八退一　炮5平3
34. 炮八进一　炮2退2
35. 车八进二　炮3退2
36. 炮五平六　炮2平4
37. 车二平五　车7平4
38. 兵七进一　车3退2
39. 炮八平七　车4进2
40. 兵七进一　车4平3
41. 车五平六　将4平5
42. 车六进一　后车进2
43. 车六平四　士6进5
44. 车四平五　前车平4
45. 车八退一　车3平4（图2）

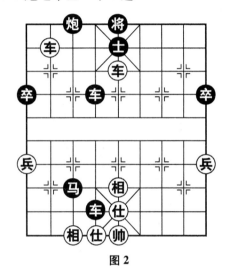

图2

第23局　徐天红负蒋川

1. 相三进五　炮8平4
2. 马二进三　马8进7
3. 车一平二　车9平8
4. 马八进七　车8进4
5. 兵三进一　马2进1
6. 仕六进五　炮2平3（图1）
7. 炮八进二　炮3进4
8. 马三进二　车8平2
9. 车九平八　象3进5
10. 炮二平三　卒3进1
11. 炮八平五　车2进5
12. 马七退八　车1平2
13. 马八进九　炮3平9
14. 炮三进四　士6进5
15. 兵三进一　卒5进1
16. 炮五平三　车2进3

17. 前炮进三　象5退7
18. 炮三进三　马1退3
19. 马二退三　炮9退1
20. 车二进九?　士5退6
21. 车二退一　士6进5
22. 马九退七　卒3进1!
23. 相五进七?　马3进4
24. 车二退二　马4进3
25. 车二平八　炮9进4!
26. 马三退二　马3退2
27. 炮三退一　马2进3
28. 炮三平五　炮4平5
29. 马七进五　马3进5
30. 马五退三　炮9退3
32. 相七进五　将5平6
34. 炮五退三　卒5进1
35. 相五退七　卒5平4
36. 帅五平六　炮5平4
37. 帅六平五　卒9进1
38. 前马退四　炮4平8
39. 马四退三　炮9退3
40. 兵九进一　卒9进1
41. 马二进一　炮8平1
42. 相七进五　炮1进3
43. 马一进三　卒9平8
44. 前马进五　卒4平5
45. 相五退三　卒1进1（图2）

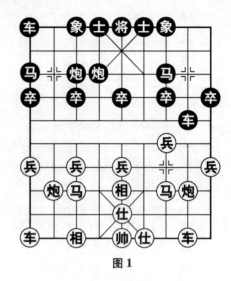

图1

31. 马三进四　卒5进1
33. 马四进二　炮9进3

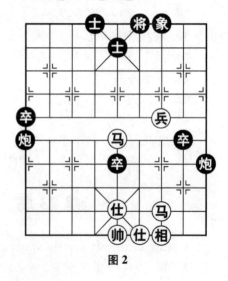

图2

第24局　于幼华负李少庚

1. 相三进五　炮8平4
2. 马二进三　卒7进1
3. 车一平二　马8进7
4. 炮二平一　象3进5
5. 马八进九　马2进3
6. 车九进一　士4进5（图1）

7. 车二进四　车9平8

8. 车九平二　车8进5

9. 车二进三　卒3进1

10. 兵三进一　卒7进1

11. 车二平三　卒1进1

12. 仕四进五　炮2平1

13. 炮八平六　炮1进4

14. 车三进二　炮1平2

15. 马三进二　炮2退3

16. 炮六进四　马3进4

17. 马二进四　马4进6

18. 马四进二　炮2退2

19. 车三退二　车1进3!

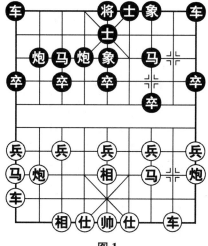

图 1

20. 车三平四　车1平4

21. 车四平八　卒5进1

22. 马二退三　炮2进2

23. 马三进五　炮4平2

24. 车八平五　马7进5

25. 兵七进一　马5进7

26. 车五平三　车4进1

27. 兵五进一?　卒3进1

28. 炮一平三　马7退5

29. 相五进七　车4进2

30. 马九退七?　车4平3

31. 炮三退一　后炮平3

32. 车三退二　卒1进1

33. 车三平八　炮2进2!

34. 相七进五　车3平7

35. 炮三平四　车7进2

36. 马七进六　炮3平2

37. 车八平九　前炮平5

38. 车九平八　卒1平2

39. 车八平九　车7平6

40. 车九进七　士5退4

41. 马五退三　卒2平3

42. 车九平八　炮2平1

43. 马六退四　炮1进7

44. 车八退九　车6平5

45. 帅五平四　马5进6（图2）

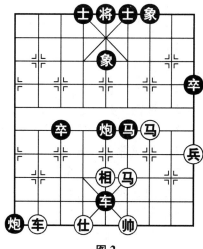

图 2

第 25 局　王天一胜郑惟桐

1. 相三进五　炮8平4		2. 马二进三　马8进7	
3. 车一平二　车9平8		4. 马八进七　卒3进1	
5. 炮二进四　马2进3		6. 车九进一　炮2进2	
7. 炮八平九　车1进1			
8. 兵九进一　车8进1（图1）			

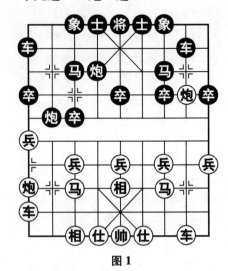

图 1

9. 车二进一　车1平2	
10. 兵三进一　卒7进1	
11. 炮二平三　象7进5	
12. 车二进七　车2平8	
13. 兵三进一　炮2平7	
14. 车九平六　士6进5	
15. 车六进三　车8进2	
16. 马三进四　炮7平4	
17. 车六平八　前炮平6	
18. 炮三退六　车8进2	
19. 马七退五　炮4进5	

20. 相五进三　马7进8		21. 马五进三　车8进3？	
22. 仕六进五　炮4退5		23. 相三退五　马8进6	
24. 车八平四　车8退4		25. 兵七进一　炮6退2	
26. 炮九平七　马3进4		27. 车四平五　卒3进1	
28. 车五平七　炮4平3		29. 炮七平九　炮6平7	
30. 炮三进七　炮3平7		31. 炮九进四　车8进3	
32. 马三进二　马4进5		33. 车七平六　炮7平9	
34. 马二进三　炮9进4		35. 车六平一　炮9平7	
36. 车一进二　马5退6		37. 车一退一！马6进4	
38. 炮九进三　马4退3		39. 车一进四　士5退6	
40. 车一退六　车8平7		41. 马三退四　车7进1	
42. 马四进六　炮7退5		43. 车一平七　车7退4	
44. 马六进四　马3进5？		45. 车七进五！炮7退1	
46. 马四进三（图2）			

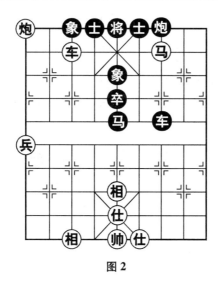

图 2

第 26 局 张强负张学潮

1. 相三进五 炮 8 平 4		2. 马二进三 马 8 进 7
3. 车一平二 车 9 平 8		4. 炮二进四 卒 7 进 1
5. 兵七进一 马 2 进 1		6. 马八进七 炮 2 平 3
7. 马七进八 马 7 进 6		8. 车九进一 卒 7 进 1（图 1）
9. 炮二平三 车 8 进 9		10. 马三退二 卒 7 进 1

11. 车九平四 马 6 进 5
12. 炮八进一 卒 7 平 8
13. 炮八平二 车 1 平 2
14. 炮二进六 士 4 进 5
15. 炮三退五 象 3 进 5
16. 车四进七 炮 3 退 1
17. 马二进三 马 5 退 7
18. 车四退四 车 2 进 5
19. 车四平三 将 5 平 4
20. 马三进四 车 2 退 1
21. 炮三进八 象 5 退 7
22. 车三进五 将 4 进 1
23. 马四进五 炮 4 平 5

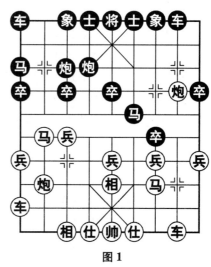

图 1

24. 车三退二　炮3进4　　　25. 炮二退一　士5进4

26. 仕四进五？车2平8！　　27. 炮二平四　炮3平5

28. 马五退三？前炮平6！　　29. 帅五平四　车8进5

30. 帅四进一　车8退8　　　31. 炮四退二　炮5进2

32. 炮四平六　将4平5　　　33. 仕五进六　车8平6

34. 马三退五　炮6平8

35. 马五退四　车6进5

36. 车三退三　炮8退2

37. 车三平五　炮5退2

38. 仕六退五　炮8平6

39. 车五进二　炮6平4

40. 车五平六　炮5平6

41. 兵九进一　卒9进1

42. 车六平一　将5退1

43. 相七进九　士4退5

44. 相九退七　马1退3

45. 车一平七　车6平3

46. 车七平四　车3平9（图2）

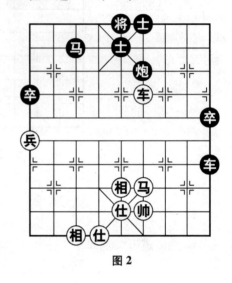

图2

第27局　张婷婷负唐丹

1. 相三进五　炮8平4

2. 马二进三　马8进7

3. 车一平二　卒7进1

4. 兵七进一　车9进1

5. 炮二平一　象3进5

6. 车二进四　车9平6（图1）

7. 马八进七　马2进4

8. 车二平六　士4进5

9. 兵三进一　车6进3

10. 兵三进一　车6平7

11. 马三进二　炮2退2

12. 仕六进五　炮2平4

13. 车六平四　卒9进1

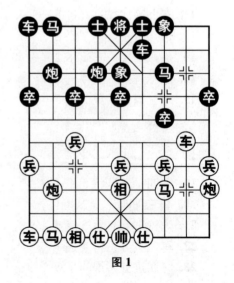

图1

14. 炮八进二 卒3进1　　　15. 炮一平三 车1平3

16. 兵七进一 车3进4　　　17. 炮八平七？ 前炮进4！

18. 炮三平一 前炮平9　　　19. 车九平八？ 炮9退1！

20. 马二退四 炮9平3　　　21. 车四平七 车7进2

22. 车七进一 象5进3　　　23. 车八进八 马4进3

24. 车八退五 马7进6　　　25. 车八进三 马3退5

26. 车八平五 车7平6　　　27. 车五退一 象3退1

28. 炮一平四 卒9进1　　　29. 车五退一 马6进8

30. 车五平三 马5进7　　　31. 马七进六 车6退1

32. 马六进七 象1进3　　　33. 兵五进一 车6退2

34. 马七退五 象7进5

35. 马五退七 炮4平3

36. 马七退六 车6进3

37. 兵九进一 炮3平1

38. 相五退三 车6平4

39. 相七进五 炮1进2

40. 炮四平三 马7进9

41. 车三进四 炮1退1

42. 车三退一 炮1进1

43. 车三进一 炮1退1

44. 车三退一 炮1进1

45. 车三进一 马8进7

46. 车三退六 卒9进1（图2）

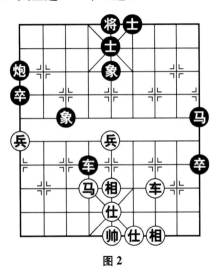

图2

第28局　孙博胜朱晓虎

1. 相三进五 炮8平4　　　2. 马二进三 马8进7

3. 车一平二 卒7进1　　　4. 兵七进一 车9平8

5. 炮二进四 象3进5　　　6. 马八进七 马2进1

7. 车九进一 车1平3　　　8. 车九平六 士4进5（图1）

9. 车六进四 卒3进1　　　10. 兵七进一 象5进3

11. 炮八平九 炮2退1　　　12. 炮二平三 炮2平4

13. 车六平四 象3退5　　　14. 车二进九 马7退8

15. 马七进八 车3平2　　　16. 马八进九 马8进9

17. 炮三平二　马9退7
18. 炮二平三　马7进9
19. 炮三平二　卒5进1
20. 车四退一　马1进3
21. 炮二退二　车2进7
22. 马九退八　马3进2
23. 炮二平八　前炮进6
24. 车四平六　车2平5
25. 马三退五　士5进4
26. 车六进三　后炮平8
27. 炮八平二　车5平8
28. 车六退六　车8退2
29. 车六进五　车8平6

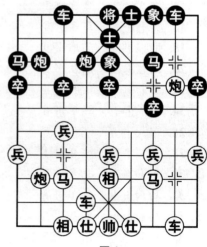

图 1

30. 车六平二　炮8平7

31. 车二平八　炮7进5

32. 马五进七　炮7退1

33. 相七进五　炮7平8

34. 车八平二　卒7进1

35. 相五进三　车6平7

36. 车二进一　卒9进1
37. 炮九退一　卒5进1
38. 炮九平五　卒5平4
39. 马七进八　炮8退1
40. 马八进七　士6进5
41. 马七进九　车7退2?
42. 马九进七　将5平4
43. 炮五平六　士5进4?
44. 车二平一!　炮8平5
45. 仕六进五　炮5平7
46. 仕五进六!　炮7平5
47. 帅五平六（图2）

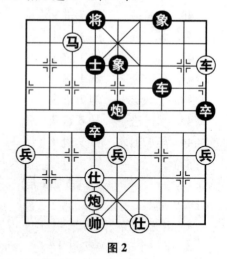

图 2

第29局　董旭彬胜陶汉明

1. 相三进五　炮8平4

2. 马二进三　马8进7

3. 车一平二　车9平8

4. 兵七进一　车8进4

5. 炮二平一　车8平4

6. 马八进七　象3进5

7. 车二进四　马2进4

8. 仕四进五　炮2进4（图1）

9. 马七进八　炮2平7

10. 车九平八　马4进6

11. 兵九进一　卒1进1？

12. 马八进七！卒1进1

13. 车二退一　炮7退2

14. 马三进四　车4平2

15. 马四进五　车1进3

16. 马五退六　炮7平4？

17. 兵七进一！车2平3

18. 马七进八　车1退1

19. 马八退六　车1平4

20. 车二进四　炮4进5

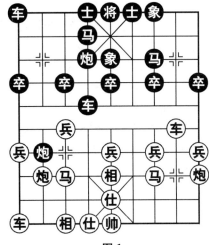

图1

21. 仕五退六　车4进3

22. 车二平三　马6进5

23. 车三进一　士4进5

24. 车三平四　车3进2

25. 炮一平三　象7进9

26. 炮八平六　卒1平2

27. 车八平九　卒2平1

28. 车九平八　卒1平2

29. 车八平九　卒2平1

30. 车四退二　车3平5

31. 车四平五　象9退7

32. 仕六进五　卒9进1

33. 车九进一　车4平8

34. 车九平七　马5进3

35. 车五退三　马3进5

36. 炮三退二　马5退6

37. 车七进四　马6进7

38. 车七平一　卒7进1

39. 车一进一　车8平4

40. 车一平五　车4进1

41. 炮三进二　卒1进1

42. 炮三平二　马7进6

43. 兵一进一　车4平9

44. 车五退二　马6退7

45. 车五退一　卒7进1

46. 炮二平三　车9退1

47. 相五进三　车9进1

48. 仕五退四（图2）

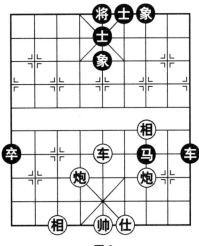

图2

第30局　柳大华负蒋川

1. 相三进五　炮8平4
2. 马二进三　马8进7
3. 车一平二　车9平8
4. 马八进七　车8进4
5. 炮八平九　马2进1
6. 车九平八　车1平2
7. 炮二平一　车8平4
8. 兵七进一　卒1进1（图1）
9. 车二进四　马1进2

10. 炮九平八？ 马2进1！
11. 炮八进七　马1进3
12. 仕四进五　马3进2
13. 炮八退九　炮2进5
14. 马三退二　炮2进1
15. 马二进三　象3进5
16. 兵三进一　卒1进1
17. 车二退一？ 士4进5
18. 炮一退二　卒7进1
19. 炮一平三　炮2退1
20. 马三进二　卒7进1

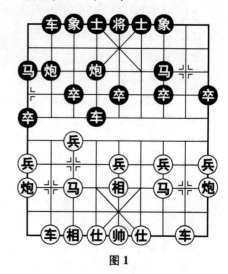

图1

21. 马二进三　炮2退2
22. 炮八进二　卒7平8
23. 车二退一　卒8进1！
24. 车二平三　马7退9
25. 马三进四　炮4退1
26. 车三进六　士5进6
27. 车三退二　士6进5
28. 车三平一　炮4平6
29. 车一进二　炮6退1
30. 炮八平七　车4平5
31. 炮七进四　车5进2
32. 车一退三　炮2进1
33. 仕五进六　卒1平2
34. 兵七进一　炮2进3
35. 帅五进一　卒8进1
36. 炮三进八　卒8平7
37. 炮三平四　车5平8
38. 相五进三　车8进2
39. 帅五退一　卒7平6
40. 车一平四　卒6进1
41. 车四退四　车8平6
42. 炮四退七　炮6进8
43. 兵七平六　炮6平1
44. 相三退五　炮1进1
45. 仕六退五　卒2进1
46. 兵一进一　卒2平3
47. 帅五平四　卒3平4
48. 兵一进一　卒4平5
49. 帅四进一　炮1退5（图2）

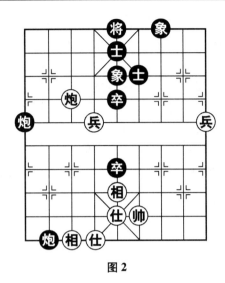

图2

第31局　柳大华负王天一

1. 相三进五	炮8平4	2. 马二进三	马8进7
3. 车一平二	车9平8	4. 炮二进四	卒7进1
5. 兵七进一	马2进1	6. 马八进七	炮2平3
7. 马七进八	马7进6	8. 炮二退二	炮4平5（图1）
9. 兵九进一	马6进5	10. 马三进五	炮5进4
11. 仕四进五	炮3平5		
12. 车九进三	卒7进1		
13. 炮二进二	卒7平6		
14. 马八退七	前炮平9		
15. 兵三进一	炮9进3		
16. 车二平一？	车8进3		
17. 炮八进二	卒6平5		
18. 兵三进一？	车1平2		
19. 车一平三	前卒进1		
20. 兵七进一	前卒进1！		
21. 相七进五	卒3进1		
22. 炮八平三	炮5进5		
23. 仕五进四	象7进5		

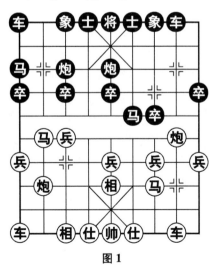

图1

24. 车九平五	炮5平4	25. 车五平六	炮4平5
26. 车六平五	炮5平4	27. 兵三平四	车2进7
28. 马七进六	炮4进1	29. 仕四退五	炮4平2
30. 仕五退四	炮2进1	31. 仕六进五	炮2平1
32. 帅五平六	车8进4	33. 车五平九	车2进2
34. 帅六进一	车2退1	35. 帅六退一	车2进1
36. 帅六进一	车2退1	37. 帅六退一	炮1平6!

38. 车三平四　车8平7
39. 炮三平二　车2平5
40. 马六退四　车5平2
41. 车九退三　卒3进1
42. 兵四进一　士6进5
43. 兵四平五　马1进3
44. 兵五进一　象3进5
45. 炮二平五　马3进4
46. 车四平二　马4进3
47. 帅六平五　车7平5
48. 帅五平四　车5平6
49. 帅四平五　车2平5（图2）

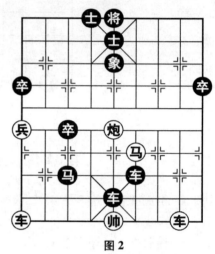

图 2

第 32 局　李来群胜洪智

1. 相三进五　炮8平4
2. 马二进三　马8进7
3. 车一平二　车9平8
4. 炮二进四　卒7进1
5. 兵七进一　马2进1
6. 马八进七　炮2平3
7. 车九平八　车1平2
8. 炮八进四　卒3进1（图1）
9. 马七进六　卒3进1
10. 相五进七　象7进5
11. 相七退五　车2进2
12. 兵九进一　炮3退1

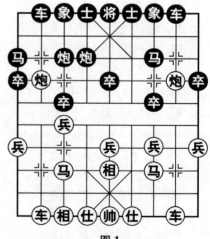

图 1

13. 车八进三　炮 4 进 7　　　　**14.** 炮二平三　车 8 进 9

15. 马三退二　车 2 平 4　　　　**16.** 马六进四　马 7 退 8

17. 兵三进一　车 4 进 2　　　　**18.** 兵三进一　象 5 进 7

19. 马四退三　象 7 退 5　　　　**20.** 马二进四　炮 4 退 3

21. 兵一进一　炮 3 平 7　　　　**22.** 兵五进一　马 8 进 6

23. 炮三平二　马 6 进 4　　　　**24.** 车八平七　炮 7 平 3

25. 炮二进三　象 5 退 7　　　　**26.** 车七进四　炮 4 平 1?

27. 炮八平一　炮 1 进 3　　　　**28.** 相七进九　炮 3 平 9

29. 马四进五　炮 9 进 1　　　　**30.** 车七退四　车 4 平 7

31. 马五进七　炮 9 平 8　　　　**32.** 马七进六　士 4 进 5

33. 仕四进五　象 3 进 5　　　　**34.** 炮一进一　炮 8 进 1

35. 马六退七　炮 8 平 7　　　　**36.** 炮一平六　士 5 进 4

37. 车七平四　士 4 退 5　　　　**38.** 马三进四　炮 7 平 6

39. 马四退六　炮 6 退 1　　　　**40.** 马六进五　车 7 平 8

41. 炮二平一　炮 1 退 4

42. 马七进六　车 8 平 4?

43. 马六进五! 将 5 进 1

44. 车四进四　马 1 进 3

45. 车四进二　象 7 进 9

46. 马五进三　将 5 平 4

47. 车四平七　车 4 退 1

48. 马三进四　将 4 平 5

49. 车七平五　将 5 平 6

50. 马四退二! 炮 1 平 9

51. 炮一退五　车 4 平 8

52. 车五平四　将 6 平 5

53. 马二退四（图 2）

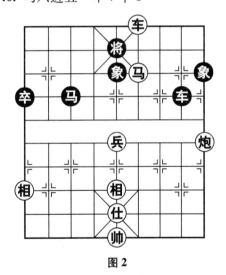

图 2

第 33 局　张强胜郝继超

1. 相三进五　炮 8 平 4　　　　**2.** 马二进三　马 8 进 7

3. 车一平二　车 9 平 8　　　　**4.** 炮二进四　卒 7 进 1

5. 兵七进一　马 2 进 1　　　　**6.** 马八进七　炮 2 平 3

7. 马七进八　马 7 进 6　　　　**8.** 车九进一　卒 7 进 1（图 1）

9. 车九平六　士4进5

10. 车六进四　车8进3

11. 车六平四　车8进6

12. 马三退二　卒7进1

13. 马二进四　卒7平8

14. 炮八进一　卒8平9

15. 炮八平一　车1平2

16. 马八退七　炮4平9

17. 炮一平三　象3进5?

18. 马七进六　车2平4

19. 马六进五　车4进3

20. 马五退四　炮9平6

21. 后马进二　炮3平2

22. 车四平八　卒1进1

23. 车八进一　炮2平4

24. 马二进三　炮6平7?

25. 炮三进四　炮4平7

26. 车八平九　卒9进1

27. 马三进一　车4平6

28. 马四进二　车6平8

29. 马二退四　马1退3

30. 马一进三!　卒3进1

31. 兵七进一　象5进3

32. 车九平七　炮7退1

33. 车七退一　车8退1

34. 车七平九　车8平7

35. 马三退五　炮7平9

36. 仕四进五　马3进4

37. 马四进二　车7平3

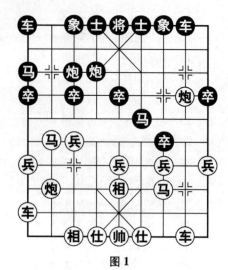

图1

38. 马二进四　马4退6

39. 兵九进一　车3平5

40. 兵五进一　车5进1

41. 马五退三　炮9平6

42. 兵五进一　车5平4

43. 马四进二　炮6平8

44. 兵五平四　士5退4

45. 兵四进一　马6退4

46. 车九平三!　车4退1

47. 马二退一　马4进2

48. 车三进四　士4进5

49. 车三退四　车4平3

50. 车三平二　炮8平7

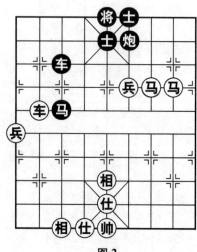

图2

51. 车二平八 马2进3　　**52.** 马三进二 炮7平6

53. 马一进三（图2）

第34局　李鸿嘉负蒋川

1. 相三进五 炮8平4　　**2.** 马二进三 马8进7

3. 车一平二 车9平8　　**4.** 兵七进一 车8进4

5. 炮二平一 车8平4　　**6.** 马八进七 马2进1

7. 兵九进一 象3进5

8. 车二进四 士4进5（图1）

9. 仕四进五 车1平3

10. 车九进三 卒3进1

11. 兵七进一 车4平3

12. 马七进六 卒7进1

13. 马六退八 前车退2

14. 炮八进五 前车平2

15. 马八退六 车2进2

16. 兵三进一 马1进3

17. 车九平七? 马3进4

18. 车七进六 象5退3

19. 兵五进一 象3进5

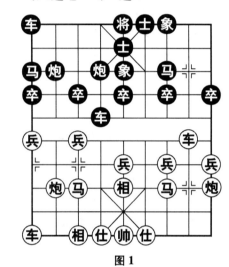

图1

20. 兵三进一 车2平7　　**21.** 车二平三? 车7进1

22. 相五进三 炮4平1!　　**23.** 马三进五 炮1进3

24. 马五进七 马4退3　　**25.** 相三退五 炮1平2

26. 马七进六 士5进4　　**27.** 后马进七 士6进5

28. 马七进八? 炮2退1　　**29.** 马八进七 将5平4

30. 马六退七 炮2平8　　**31.** 前马退六 炮8退3

32. 兵五进一 马3进4　　**33.** 兵五进一 马4退5

34. 马七退五 炮8平9　　**35.** 马五退三? 马5进7

36. 相五进三 卒1进1　　**37.** 马六退七 卒1进1

38. 马七进五 前马进5　　**39.** 相七进五 马5进7

40. 炮一退二 卒1平2　　**41.** 马五进三 象5进7

42. 炮一平三 前马退5　　**43.** 后马进四 象7进5

44. 相三退一 卒2进1　　**45.** 马四进二 马7进5

46. 马三进二? 后马进6

47. 后马退三　马5进3

48. 相一进三　卒9进1

49. 炮三平一　象7退9

50. 相五退三　马3退4

51. 相三进一　马4退6

52. 马三退二　卒2平3

53. 后马进四　后马退8

54. 仕五进六　象9进7

55. 仕六进五? 马6进7

56. 帅五平六　炮9进2!（图2）

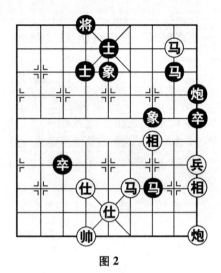

图2

第 35 局　于幼华负赵国荣

1. 相三进五　炮8平4		2. 马二进三　马8进7
3. 车一平二　车9平8		4. 兵七进一　车8进4
5. 炮二平一　车8平4		6. 马八进七　马2进3
7. 兵三进一　卒3进1		8. 兵七进一　车4平3（图1）
9. 马七进六　车3平4		10. 马六退七　车4平3

11. 马三进四　车3平6

12. 马四退三　象3进5

13. 炮八退一　马3进4

14. 炮八平七　车1进2

15. 车九平八　炮2平3

16. 车二进一? 炮3进6

17. 车二平七　车1平3

18. 车八进五　车3进4

19. 马三进四　车6进1

20. 车八平六　士6进5

21. 仕六进五　炮4平3

22. 兵一进一　象7进9

23. 车七平六　卒7进1

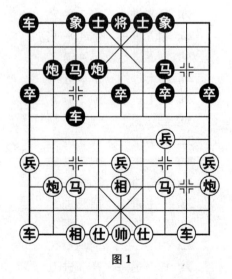

图1

24. 兵三进一　车6平9　　25. 炮一平四　象9进7

26. 后车进二　车9平3　　27. 相七进九　后车退2

28. 后车进一　后车进1　　29. 前车平七　象5进3

30. 相九进七　卒9进1　　31. 兵九进一　象7退5

32. 车六平二　士5退6　　33. 车二平三? 马7进9

34. 马七退八　炮3进1　　35. 兵五进一　马9进7

36. 马八进九　车3平2　　37. 炮四平三　马7退6

38. 炮三平二　士6进5　　39. 炮二进七　马6进7

40. 炮二退四　卒9进1　　41. 车三平一　车2平8

42. 车一进五　士5退6　　43. 炮二进四　象5退7

44. 车一退四　象3退5　　45. 炮二平一　士4进5

46. 车一退三　车8平7

47. 车一平四　马7进6

48. 炮一退八　炮3进1!

49. 车四退一　炮3平7

50. 车四平二　车7平9

51. 马九进八　炮7平2

52. 仕五退六　马6进4

53. 车二平六　马4退5

54. 炮一平五　马5进6

55. 炮五平四　车9平2!

56. 仕四进五　马6退8

57. 车六进五　车2退1

58. 车六平九　车2平3（图2）

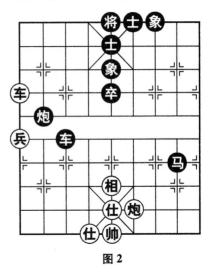

图 2

第 36 局　于幼华胜许银川

1. 相三进五　炮8平4　　2. 马二进三　马8进7

3. 车一平二　车9平8　　4. 炮二进四　卒7进1

5. 兵七进一　象3进5　　6. 马八进七　马2进4

7. 车九进一　士4进5　　8. 车九平六　炮2退2（图1）

9. 车六进四　马4进2　　10. 炮八进七　车1平2

11. 车六平八　炮4进5　　12. 相五退三　炮4退7

13. 马七进六　马2退4　　14. 车八进四　马4退2

15. 马六进七　马7进6

16. 炮二进一　车8进1

17. 仕四进五　马6进7

18. 相三进五　士5进6

19. 炮二退一　炮4进8

20. 马七退六　马2进3

21. 炮二平三　车8平4

22. 车二进四　马7进9

23. 车二平四　马9进7

24. 帅五平四　士6退5

25. 马六进七　车4进3

26. 车四进四　卒7进1

27. 马七进五　车4平8

28. 马三退一　象7进9

30. 马五进七　将5平4

32. 车四平三　卒7平6

34. 兵五进一　炮4平6

36. 炮三进二　马3进4

38. 炮三平七　马4退6

40. 车三平八　卒6进1?

42. 兵七平六　车8退2

44. 炮七退四　士5进4

45. 车八退三　马7进8

46. 炮七退三　马5退7

47. 兵六进一　卒5进1

48. 车八进二　将4退1

49. 车八退一　将4进1

50. 炮七平六!　将4平5

51. 兵六进一　将5平6

52. 兵六平五　士6进5

53. 帅五平四　将6退1

54. 炮六进七　士5退4

55. 炮六平九　马8进7

56. 炮九进一　士4进5

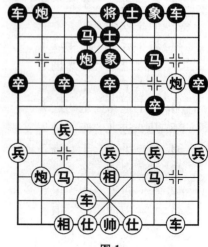

图1

29. 马一退三　炮4退7

31. 车四退六　马7退8

33. 车三进一　炮4进1?

35. 帅四平五　炮6退1

37. 兵七进一　炮6平3

39. 马三进四　马8退7

41. 马四退三　马6进5

43. 车八进六　将4进1

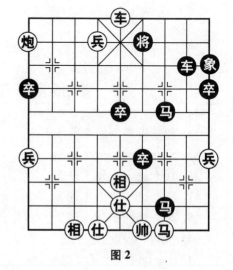

图2

57. 车八进二　将6进1　　　　**58.** 炮九退一　士5进4

59. 车八平五!　车8进2　　　　**60.** 兵五平六　车8退2

61. 兵六进一（图2）

第37局　胡荣华负蒋川

1. 相三进五　炮8平4　　　　**2.** 马二进三　马8进7

3. 车一平二　车9平8　　　　**4.** 炮二进四　卒7进1

5. 兵七进一　马2进1　　　　**6.** 马八进七　炮2平3

7. 马七进八　马7进6　　　　**8.** 炮二退二　炮4平5

9. 仕六进五　炮3平4

10. 兵九进一? 卒7进1!（图1）

11. 兵三进一　马6进8

12. 车二进四　车8进5

13. 马三进二　炮4进3

14. 兵三进一　炮4平2

15. 马二进四　车1进1

16. 炮八平九　炮2进1

17. 兵一进一? 车1平7!

18. 车九平八　炮2平4

19. 车八进三　炮4退2

20. 马四进五　象7进5

21. 炮九进四　车7进3

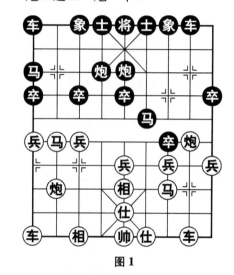

图1

22. 炮九平五　士6进5　　　　**23.** 车八平六　炮4平2

24. 车六平八　炮2平6　　　　**25.** 兵五进一　炮6进4

26. 车八平四　炮6平9　　　　**27.** 车四平一　炮9平6

28. 车一平二　马1进2　　　　**29.** 车二进六　炮6退8

30. 车二退三　卒9进1　　　　**31.** 兵一进一　车7平9

32. 车二退三　卒3进1　　　　**33.** 兵七进一　车9平3

34. 兵九进一　马2退3　　　　**35.** 车二进三　车3平1

36. 炮五退一　车1平3　　　　**37.** 车二平四　马3退2

38. 相七进九　马2进1　　　　**39.** 相九进七　马1退3

40. 车四平二　车3平4　　　　**41.** 车二平三　车4进2

42. 炮五平一　车4平9　　　　**43.** 炮一平四　马3进1

44. 兵五进一　车9退2
45. 相五退三　炮6进2
46. 相七退五　车9平8
47. 车三平四　炮6平9
48. 车四平一　炮9平7
49. 车一平三　炮7平9
50. 车三平一　炮9平7
51. 车一进三　士5退6
52. 车一退六　马1进3
53. 车一平五　炮7退1
54. 炮四进一　马3进5
55. 炮四平五　士6进5
56. 炮五平六　车8平6
57. 车五进一　马5退6
58. 车五退一　马6进7
59. 炮六退五　车6平4
60. 炮六退一　炮7进2
61. 仕五进四　车4进1
62. 仕四进五　炮7平5
63. 帅五平四　炮5平6
64. 帅四平五　炮6进3（图2）

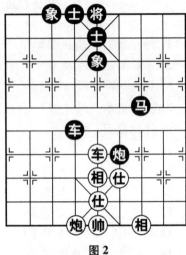

图2

第 38 局　阎文清负徐超

1. 相三进五　炮8平4
2. 马二进三　马8进7
3. 车一平二　卒7进1
4. 兵七进一　车9进1
5. 马八进七　卒3进1
6. 兵七进一　车9平3
7. 马七进六　车3进3
8. 马六退八　车3退2（图1）
9. 炮八进五　炮4平2
10. 马八退六　车3平4
11. 车九平八　象3进5
12. 仕四进五　马2进4
13. 车八进五　车1平2
14. 马六进五　卒5进1
15. 车八平五　炮2平3

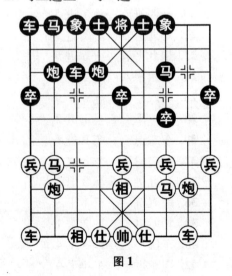

图1

16. 炮二进五？ 车4进6

17. 炮二退六 车4退2

18. 马五进三 士4进5

19. 前马进二 车2进9

20. 炮二平四？ 马4进3！

21. 车五退一 车2平3

22. 车二进六 车3退2

23. 炮四进一 车3进1

24. 马二进一 炮3平2！

25. 相五退七 车3进1

26. 马一退三 将5平4

27. 炮四平六 士5进4

28. 车二平四 士6进5

29. 炮六平八 炮2退1

30. 前马进一 车3退2

31. 车四退四 车3平6

32. 仕五进四 车4进1

33. 炮八进三 车4平6

34. 车五平七 马3进5

35. 炮八平六 将4平5

36. 兵五进一 马5退7

37. 马三退四 前马进8

38. 仕六进五 车6平2

39. 炮六平五 炮2平4

40. 马四进五 马7退8

41. 兵三进一 前马退7

42. 炮五进一 马7退6

43. 炮五退一 马6进7

44. 炮五进一 马7退6

45. 炮五退一 炮4退1

46. 兵三进一 象7进9

47. 兵三平四 车2退4

48. 车七退一 车2进6

49. 仕五退六 车2退4

50. 马五进三 车2平4

51. 仕六进五 车4平2

52. 仕五退六 马6进7

53. 炮五进一 马7进6

54. 炮五平四 马6进8

55. 兵五进一 前马进7

56. 马三退四 车2平7

57. 炮四平八 炮4平2

58. 炮八平五 将5平6

59. 车七平八 炮2平3

60. 炮五平八 马8进7

61. 马一退二 车7平8

62. 车八平三 炮3进8

63. 车三进四 车8进4

64. 帅五进一 马7退6

65. 帅五平六 车8退4

66. 炮八退四 炮3平6（图2）

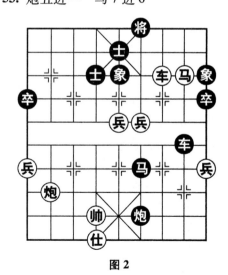

图2

第39局 许银川胜孙浩宇

1. 相三进五 炮8平4
2. 马二进三 马8进7
3. 车一平二 车9平8
4. 马八进七 卒3进1
5. 炮八平九 马2进3
6. 车九平八 炮2进2
7. 车八进四 象3进5
8. 炮二进四 卒7进1（图1）
9. 兵九进一 车1平2
10. 炮二平九 车8进9
11. 马三退二 马3进1
12. 炮九进四 车2平1
13. 兵九进一 炮2退4
14. 马七进九 炮4进2
15. 兵七进一 炮4平1
16. 车八进二 卒3进1
17. 马九进七 炮1平3
18. 马二进四 炮2平3
19. 马四进六 后炮进5
20. 马六进七 士6进5

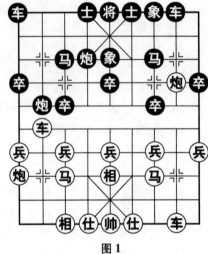

图1

21. 兵五进一 车1平3
22. 兵五进一 卒5进1？
23. 车八平三 炮3退2
24. 马七进五 炮3平1
25. 马五进七 炮1平2
26. 兵一进一 士5退6
27. 兵三进一 士4进5
28. 兵三进一 象5进7
29. 炮九退五 象7退5
30. 炮九平四 车3平4
31. 马七退五 象7进9
32. 马五退七 车4进8
33. 仕六进五 车4退3
34. 仕五进六 炮2平4
35. 炮四平九 车4平9
36. 车三平八 车9退1
37. 车八进三 士5退4
38. 马七进八 士6进5
39. 马八进七 炮4退1？
40. 炮九进八！车9平1
41. 车八退三 车1退4
42. 马七进九 象9退7
43. 车二平三 炮4进1
44. 马九退七 将5平6
45. 马七退八 炮4平2
46. 车三平七 士5进6
47. 仕四进五 士4进5
48. 帅五平四 马7进6
49. 车七平一 马6进4

50. 马八退六　将6平5　　　51. 相五进七　炮2平4

52. 车一平四　象5进3　　　53. 相七进五　象7进5

54. 马六进七　炮4退2　　　55. 马七退八　炮4平3

56. 马八退七　炮3平4　　　57. 马七进五　象3退1

58. 车四平九　象1退3　　　59. 车九平六　马4进3

60. 马五退七　象3进1　　　61. 车六平八　炮4平3

62. 相七退九　象5进3

63. 马七进九　象3退5

64. 车八平六　将5平6

65. 马九进八　炮3平4

66. 车六进二　将6进1

67. 马八进九!　炮4平7

68. 马九退七　象1进3

69. 车六平五　将6退1

70. 车五平三　将6平5

71. 车三平四　炮7平6

72. 帅四平五　马3退4

73. 车四退一　（图2）

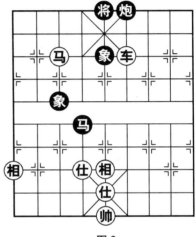

图2

第40局　柳大华负郑惟桐

1. 相三进五　炮8平4

2. 马二进三　马8进7

3. 车一平二　车9平8

4. 马八进七　卒3进1

5. 兵三进一　马2进3

6. 炮二进四　炮2进2

7. 车九进一　车1进1

8. 炮八进二　卒7进1　（图1）

9. 车九平六　马3进4

10. 炮八平六　炮4进3

11. 兵三进一　炮4平6

12. 兵七进一　炮6进2

13. 兵七进一　炮6平3

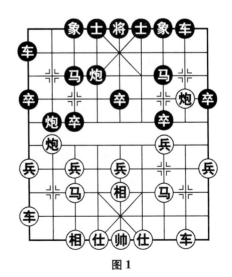

图1

14. 车六进一	马4退5	15. 兵七平八	炮3退4
16. 炮二退二	车1平2	17. 兵八平七	炮3退2
18. 仕六进五?	炮3平7!	19. 炮二平三	车8进9
20. 马三退二	炮7进3	21. 炮三进三	车2平8
22. 车六进三?	炮7退1!	23. 马二进三	车8进1
24. 马三进四	车8平7	25. 马四进三	马5进7
26. 车六退一	车7平6	27. 车六平三	马7进5
28. 车三平五	车6平4	29. 兵九进一	车4进1
30. 仕五进四	象7进5	31. 仕四进五	象3进1
32. 兵七平八	车4进1	33. 兵八进一	卒1进1
34. 兵九进一	车4平1	35. 兵一进一	士4进5
36. 帅五平四	车1平3	37. 帅四平五	象5退7
38. 帅五平四	车3退2	39. 帅四平五	象7进9
40. 仕五退四	车3平5	41. 仕四进五	士5退4
42. 帅五平四	马5退7	43. 车五平三	马7退6
44. 兵八平七	卒5进1	45. 车三平二	车5进1
46. 兵七平六	车5平4	47. 兵五进一	车4进2
48. 车二进四	马6进4	49. 兵五进一	车4平9
50. 车二退二	车9进4	51. 帅四进一	马4进3
52. 车二退三	车9退5	53. 车二平五	士4进5
54. 帅四退一	马3退4	55. 兵五进一	车9进5
56. 帅四进一	马4进3	57. 兵五平四	卒9进1
58. 车五平四	车9退1	59. 帅四退一	车9进1
60. 帅四进一	车9退4	61. 兵四平三	马3进5
62. 车四平五	车9平8	63. 帅四退一	车8进4
64. 帅四进一	马5退7	65. 车五平三	象1退3
66. 仕五进六	卒9进1	67. 仕四退五	卒9平8
68. 相七进九	车8平9	69. 仕五进四	卒8进1
70. 车三进一	象3进5	71. 兵三进一	象9退7
72. 兵三进一	马7退6	73. 帅四平五	车9平4
74. 兵三平四	车4退2	75. 相九进七	车4退1
76. 帅五退一	车4平5（图2）		

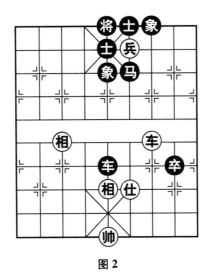

图2

第41局　胡荣华胜蒋川

1. 相三进五　炮8平4
2. 马二进三　马8进7
3. 车一平二　车9平8
4. 炮二进四　卒7进1
5. 炮二平三　卒3进1
6. 炮八进四　象3进5（图1）
7. 车二进九　马7退8
8. 马八进七　马2进3
9. 炮八平七　车1平2
10. 兵三进一　卒7进1
11. 相五进三　马8进9
12. 炮三平二　马9退7
13. 炮二退二　炮2进5
14. 马三进四　车2进3
15. 车九平八　炮4进5
16. 相三退五　车2平3
17. 仕六进五　马7进8
18. 仕五进六　炮2平4

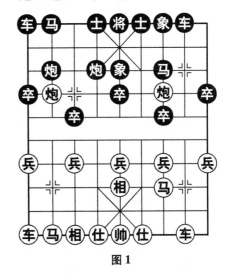

图1

19. 车八进四　炮4退6
20. 兵七进一　马8进6
21. 炮二退三　炮4平9
22. 炮二平四　卒3进1
23. 车八平七　车3进2

24. 相五进七　马6进8　　25. 相七退五　炮9进5
26. 炮四平七　马3进2　　27. 马四进五　士4进5?
28. 炮七平九!　卒9进1　　29. 炮九进五　卒9进1?
30. 马七进六　马2进3　　31. 马五进七　士5进4
32. 仕四进五　马3进4　　33. 马六退七　马8进7
34. 前马退六　士6进5　　35. 炮九平六　马4退2
36. 兵五进一　炮9进1　　37. 马六退八　炮9进2
38. 炮六平八　马7进8　　39. 仕五退四　马8退9
40. 仕四进五　马2进1　　41. 马八退六　炮9退1
42. 炮八平九　马1退3　　43. 帅五平六　马9退7
44. 兵五进一　卒9平8　　45. 兵九进一　马7退5
46. 炮九平五　马5进3　　47. 马六退七　炮9平3
48. 兵九进一　卒8进1　　49. 马七进五　炮3平2
50. 相五进七　炮2退7　　51. 兵九进一　马3退1
52. 兵九进一　炮2进3　　53. 兵五平六　卒8平7
54. 马五进三　将5平6　　55. 炮五平四　将6平5
56. 兵九平八　马1退2　　57. 兵六进一　马2进4
58. 炮四平二　象7进9　　59. 相七进五　将5平6
60. 炮二退六　炮2进2　　61. 马三进五　象9进7
62. 兵八平七　炮2平5　　63. 相五进三　马4进3
64. 兵六进一　马3退5　　65. 马五进三　炮5平4
66. 帅六平五　士5进4　　67. 兵七平六　马5退4
68. 炮二进六　马4进3
69. 兵六进一　炮4平5
70. 帅五平六　炮5平4
71. 马三进二　将6进1
72. 帅六平五　炮4平5
73. 帅五平六　炮5平4
74. 帅六平五　炮4平5
75. 帅五平六　炮5平4
76. 帅六平五　炮4退4
77. 炮二平五　象5进3
78. 炮五平七　炮4平5
79. 帅五平六　炮5平3
80. 马二退三（图2）

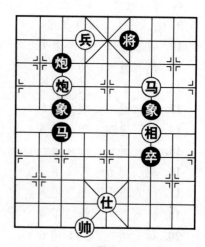

图2

第 42 局　许银川胜陆伟韬

1. 相三进五　炮 8 平 4

2. 马二进三　马 8 进 7

3. 兵三进一　车 9 平 8

4. 马三进四　车 8 进 4

5. 车一进一　炮 2 进 4?

6. 车一平六　士 6 进 5（图 1）

7. 车六进四　车 8 进 1?

8. 仕六进五　炮 2 平 5

9. 马四退三　车 8 进 1

10. 马三进五　车 8 平 5

11. 马八进九　马 2 进 3

12. 车六进一　炮 4 平 6

13. 车六平七　象 7 进 5

14. 车九平八　卒 1 进 1

15. 炮八进五　车 5 退 2

16. 车八进四　卒 7 进 1

17. 马九退七　车 1 平 2

18. 兵三进一　车 5 平 7

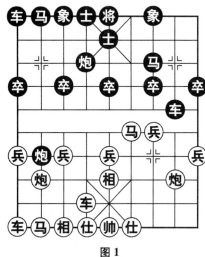

图 1

19. 马七进六　车 7 平 4

20. 马六退四　车 4 平 3

21. 车七退一　象 5 进 3

22. 炮八进一　象 3 退 5

23. 马四进三　炮 6 退 1

24. 炮八退一　马 3 进 4?

25. 车八平六　车 2 进 2

26. 车六进一　车 2 平 4

27. 车六平九　车 4 进 4

28. 兵七进一　车 4 平 8

29. 炮二平三　车 8 平 7

30. 炮三平二　车 7 平 8

31. 炮二平一　炮 6 平 8

32. 兵九进一　车 8 平 7

33. 炮一平二　炮 8 平 9

34. 马三进二　炮 9 平 6

35. 兵一进一　车 7 平 8?

36. 马二退三　炮 6 平 7

37. 炮二平一　炮 7 进 4

38. 相五进三　车 8 退 1

39. 相七进五　车 8 平 9

40. 炮一平三　马 7 退 9

41. 车九平四　车 9 进 1

42. 兵九进一　车 9 平 8

43. 兵九平八　马 9 进 8

44. 车四进一　马 8 退 6

45. 车四平一　车 8 退 3

46. 车一进三　士 5 退 6

47. 车一退四　车 8 进 3

48. 兵七进一　车 8 平 2

49. 兵七进一　马 6 进 5

50. 兵八进一　马5进4　　　51. 炮三退一　车2进3

52. 仕五退六　马4进3　　　53. 帅五进一　马3退4

54. 帅五退一　马4进6　　　55. 炮三平四　车2退3

56. 车一平四　马6退5　　　57. 仕四进五　士6进5

58. 车四平二　马5退3　　　59. 仕五进四　士5退6

60. 车二进一　士4进5　　　61. 炮四平一　象5退7

62. 车二退一　象3进5　　　63. 车二平四　车2平8

64. 炮一平三　马3进4　　　65. 仕六进五　卒5进1

66. 兵七进一　车8退3　　　67. 兵八进一　车8平2!

68. 炮三退一　马4退3　　　69. 兵八平九　车2平3

70. 兵九平八　车3平2　　　71. 兵八平九　车2平3

72. 兵九平八　车3平2　　　73. 车四平五　马3退2

74. 车五平六　马2退1

75. 车六平七!　马3进4

76. 车七平九　车2平4

77. 帅五平四　马4退3

78. 车九进四　士5退4

79. 兵七进一　车4平3

80. 兵七平六　士6进5

81. 车九平八　车3平4?

82. 兵六平七　车4平3

83. 车八退一!　象7进9

84. 仕五进六　车3平1?

85. 车八退一!　马3进1

86. 车八平五!　车1平3

87. 兵七平八（图2）

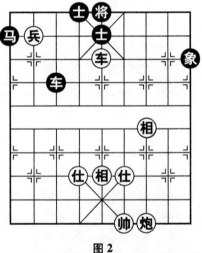

图 2

第 43 局　于幼华负李雪松

1. 相三进五　炮8平4　　　2. 马二进三　马8进7

3. 车一平二　车9平8　　　4. 马八进七　卒3进1

5. 炮八平九　马2进3　　　6. 车九平八　车1平2

7. 车八进六　炮2平1　　　8. 车八进三　马3退2（图1）

9. 兵三进一　马2进3　　　10. 炮二进四　车8进1

11. 炮九退一　车8平6

12. 马三进二　车6进7

13. 车二进一　车6退4

14. 马二进三　炮4进1

15. 炮二进一　象3进5

16. 炮九平三　马3进4

17. 炮三退一　炮1平3

18. 炮二退一　炮4平7

19. 炮三进六　卒1进1

20. 炮二进二　马7退5

21. 炮二退三　马4进3

22. 炮二进四　卒9进1

23. 炮二平一　马5退3

24. 炮三平一　车6退1

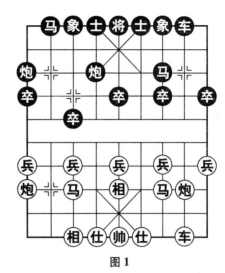

图 1

25. 后炮进二　车6退2

26. 后炮平二　士4进5

27. 车二进四　后马进4

28. 仕六进五　炮3平2

29. 兵三进一? 炮2进2!

30. 车二进二　炮2平7

31. 炮一退二　车6进7

32. 车二平三　将5平4

33. 炮二进一　将4进1

34. 炮一平二　马4进2

35. 后炮进一　将4退1

36. 后炮退一　将4进1

37. 后炮进一　将4退1

38. 后炮平三　炮7退3

39. 车三进一　车6平8

40. 炮二平一　车8退8

41. 炮一退三　马2进4

42. 车三退四　车8进3

43. 炮一进二　车8退2

44. 炮一退二　车8进2

45. 炮一进二　将4平5

46. 车三平八　车8退2

47. 炮一进一　士5退4

48. 车八平六　车8平6

49. 车六平二　车6平2

50. 车二平六　车2进6

51. 马七退六　车2进1

52. 炮一平二? 车2平4!

53. 仕五进六　车4平8

54. 炮二退五　车8退2

55. 马六进七　车8平5

56. 炮二退三　车5平6

57. 炮二平九　马4进6

58. 炮九进四　马6进8

59. 仕六退五　象5退3

60. 车六平三　象7进5

61. 兵九进一　士6进5

62. 炮九进一　马3退5

63. 马七进八　卒3进1

64. 马八退九　车6平4

65. 车三退二　马5退3

66. 兵九进一　马3退1		67. 兵九进一　卒5进1
68. 车三平二　卒5进1		69. 仕五进四　马8退7
70. 仕四进五　卒3平4		71. 马九进八　车4平9
72. 车二进四　车9平8		73. 车二平三　车8进3
74. 仕五退四　马7进6		75. 仕四退五　车8退5
76. 车三平六　车8平2		
77. 马八进六　马6进7		
78. 帅五平六　车2进2		
79. 仕五进六　车2进3		
80. 仕四进五　马7退5		
81. 车六平七　士5进6		
82. 车七退三　卒9进1		
83. 兵九平八　马5退6		
84. 兵八平七　车2退5		
85. 马六进四　士4进5		
86. 兵七平六　车2平6		
87. 马四进二　车6平8		
88. 马二退四　车8退1（图2）		

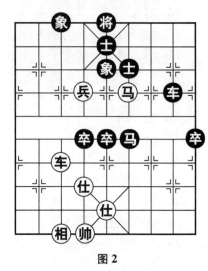

图 2

第 44 局　王天一胜汪洋

1. 相三进五　炮8平4
2. 马二进三　马8进7
3. 车一平二　车9平8
4. 炮二进四　卒7进1
5. 兵七进一　马2进1
6. 马八进七　炮2平3
7. 马七进八　马7进6
8. 车九进一　卒7进1
9. 炮二平三　车8进9
10. 马三退二　卒7进1（图1）
11. 车九平四　马6进5
12. 炮八进一　马5进3
13. 车四进五　士4进5

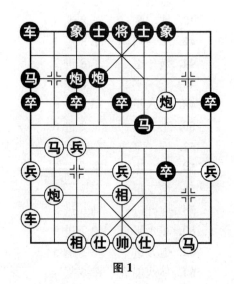

图 1

14. 炮八平七　马3退1　　15. 炮三平五　象3进5

16. 马二进四　前马进2　　17. 炮七退二　车1平2

18. 马八进九　炮3退1　　19. 马四进三　炮4进1

20. 车四退三　炮4平1　　21. 炮五平九　卒3进1

22. 仕四进五　卒3进1　　23. 炮七进七　马1退3

24. 相五进七　马3进4　　25. 炮九平一　马4进3

26. 相七进五　马3退5　　27. 车四平五　车2进3

28. 炮一退二　马5退6　　29. 炮一平二　车2平8?

30. 炮二退三！车8平2　　31. 兵一进一　马6进7

32. 炮二平四　车2进1　　33. 车五平六　马7退5

34. 马三进五　车2平5　　35. 马五退四　车5平2

36. 马四进三　马5进3　　37. 车六平五　车2退1

38. 兵一进一　马3进1　　39. 兵一平二　马2退3

40. 相五进七　车2平7　　41. 马三进二　士5进4

42. 车五平六　士6进5　　43. 仕五退四　车7进4

44. 仕六进五　将5平4　　45. 炮四进五　车7退2

46. 炮四退四　车7进2　　47. 炮四平六　将4平5

48. 炮六平一　车7退3　　49. 炮一进一！车7进1

50. 炮一平七　马1进3　　51. 车六平七　将5平4

52. 相七退五　将4平5　　53. 车七平二　车7进4

54. 车二平五　车7退4　　55. 车五进一　将5平4

56. 车五平二　将4平5　　57. 兵二平一　车7进1

58. 兵一进一　车7退1　　59. 车二平一　象5进7

60. 马二退三　车7平5　　61. 马三退二　象7进5

62. 马二进四　士5进6　　63. 车一进一　士4退5

64. 马四进二　士5退6　　65. 马二进四　士6退5

66. 马四进三　车5平7　　67. 马三进一　车7平6

68. 车一退一　车6退2　　69. 兵一平二　车6进1

70. 帅五平六　车6进1　　71. 车一平二　车6平2

72. 兵二进一　象7退9　　73. 兵二平一　车2平4

74. 帅六平五　车4平9　　75. 马一退三　车9退1

76. 马三退五　象5退7　　77. 车二平三　车9平5

78. 车三进二　象7进9　　79. 马五退六　车5平4

80. 马六进四　士5退4　　81. 相五进七　车4平2

82. 帅五平六　车2平4　　83. 帅六平五　车4平2

84. 帅五平六　车2平4　　85. 帅六平五　车4平1

86. 相七退九　车1平2　　87. 帅五平六　士6进5

88. 仕五进六　士5退6　　89. 车三平五　士6进5

90. 帅六平五　车2平6　　91. 马四进六　车6平4

92. 车五平三　车4平3　　93. 仕四进五　士5退6

94. 马六退四　车3平4　　95. 车三平五　士6进5

96. 仕五退六　象9退7

97. 车五平三　象7进9

98. 车三平二　将5平6

99. 相九退七　车4平6

100. 车二进三　将6进1

101. 马四退三　车6平7

102. 马三进二　车7进7

103. 帅五进一　象9退7

104. 车二退三　将6退1

105. 车二平四　将6平5

106. 车四退一　车7退6

107. 马二进四　车7退1

108. 马四退六　车7平6?（图2）

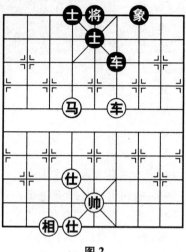

图2

第二章 红进七兵变例

第45局 许银川和蒋川

1. 相三进五　炮8平4　　2. 兵七进一　马8进7

3. 马八进七　车9平8　　4. 马七进六　马2进1

5. 马六进七　士4进5

6. 马二进四　车8进4（图1）

7. 炮二平三　象3进5

8. 车一平二　车8平6

9. 车九进一　炮2平3

10. 马七进九　车1进2

11. 炮八平七　炮3进5

12. 炮三平七　车1平2

13. 兵三进一　车2进5

14. 炮七平六　卒1进1

15. 车二进二！炮4平1

16. 车二平四　车6平8

17. 炮六进四　车2退4！

18. 车九平六　卒7进1　　19. 兵三进一　车8平7

20. 炮六退二　车2平4　　21. 车六进一！车7进4！

22. 兵七进一　炮1进4　　23. 车六进一　卒1进1

24. 炮六进一　车4退3　　25. 车四进二　象5进3

26. 车四平九（图2）

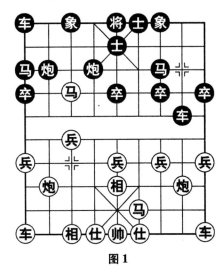

图1

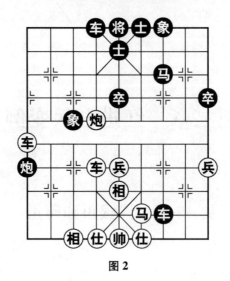

图2

第46局　尤颖钦胜王利红

1. 相三进五　炮8平4
2. 兵七进一　卒7进1
3. 马八进七　马8进7
4. 马七进六　车9平8
5. 车一进一　马2进1
6. 马六进七　炮2平3（图1）
7. 车一平六　士6进5
8. 马七退八！炮4平5？
9. 马二进四　车8进5
10. 车六进四　车8平6
11. 车九进一　马7进6
12. 马八进九　炮3退1
13. 兵七进一　象7进9？
14. 车九平八　炮5平4
15. 兵七平八　象3进5
16. 兵八进一　炮3平4
17. 车六平九　马6退4
18. 车八平七　前炮进7
19. 马四退六　炮4进8
20. 车七平六！炮4平6
21. 车六进五　车1平3
22. 车九退一　车6进1
23. 车九平七　车3进5

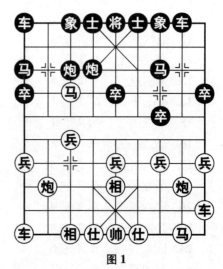

图1

24. 相五进七 炮6平3　　　**25.** 兵八进一 车6进1

26. 炮八平五 车6平8（图2）

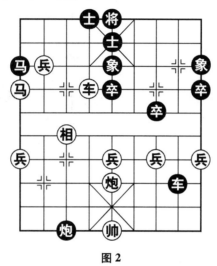

图2

第 47 局　江赟负唐丹

1. 相三进五 炮8平4　　　**2.** 兵七进一 马8进7

3. 马二进一 车9平8　　　**4.** 车一平二 车8进4

5. 马八进七 卒3进1　　　**6.** 兵七进一 车8平3（图1）

7. 炮八退一 炮2平3

8. 炮八平七 车3平4

9. 炮七平三 马2进1

10. 炮二平三? 车1平2

11. 车二进四 象7进5

12. 兵一进一? 马1进3

13. 仕四进五 士4进5

14. 车二平四 车2进6

15. 后炮平二 卒7进1

16. 炮二进二 炮3进5

17. 炮三平七 车4进1

18. 车四平二 车4平8

19. 马一进二 车2退1

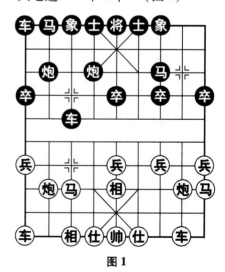

图1

20. 炮七进二　炮4进4！
21. 相七进九　车2进2
22. 相九退七　车2退2
23. 相七进九　炮4平7
24. 车九平七　马3进4
25. 相五退三　车2进2
26. 炮二平一　车2平1
27. 马二进一　车1平7！（图2）

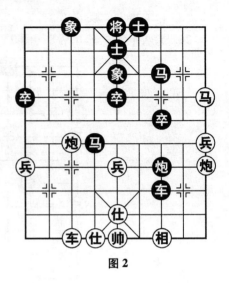

图2

第48局　刘殿中胜黄仕清

1. 相三进五　炮8平4
2. 兵七进一　马8进7
3. 马二进一　象7进5
4. 马八进七　马2进1
5. 车九进一　卒1进1
6. 车一平二　车9平8（图1）
7. 兵一进一　卒7进1
8. 炮二进五　车1进1
9. 车九平六　车1平4
10. 车六进五　炮2进1？
11. 车六退一　马1退3
12. 仕四进五　车8进1
13. 炮二平一　车8平9？
14. 炮一平五　炮4进7
15. 车六进三　车9平4
16. 仕五退六　车4进1
17. 车二进七　车4平5
18. 马一进二！　士4进5
19. 马七进六　车5平4
20. 马六进七　炮2退1
21. 马二进一　车4进5
22. 车二平三　象3进5
23. 车三退一　车4平2

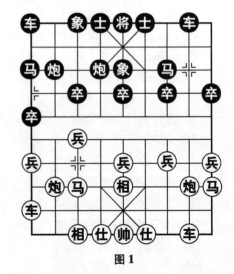

图1

24. 车三平五　车2退4　　　　**25.** 兵五进一　炮2平1

26. 兵五进一　炮1进4　　　　**27.** 马七进五　炮1平5

28. 帅五平四（图2）

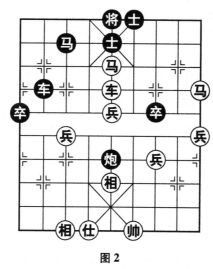

图2

第49局　董旭彬负许银川

1. 相三进五　炮8平4　　　　**2.** 兵七进一　马8进7

3. 马二进一　车9平8　　　　**4.** 车一平二　车8进4

5. 炮二平三　车8平4

6. 马八进七　马2进3（图1）

7. 车二进四　象3进5

8. 仕四进五　卒7进1

9. 兵一进一　车1进1

10. 炮八平九　卒3进1

11. 车九平八　炮2退2

12. 车八进六？炮2平3

13. 兵七进一　车4平3

14. 马七进八　马7进6

15. 车二平四　炮4退1

16. 马一进二　卒7进1

17. 车四平三　炮4进7！

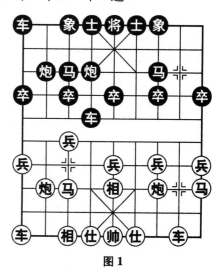

图1

18. 炮九平七　车1平8
19. 马二进三　车8进8
20. 仕五退四　士6进5
21. 马三进四　象7进9
22. 马四退五?　马3进5
23. 炮七进七　象5退3
24. 车八平五　马6进8！
25. 炮三退二　马8进9
26. 车三平四　马9进7
27. 帅五进一　炮4平1
28. 相五进七　车8平7
29. 马八进九　车3平2
30. 帅五平四　车2进4
31. 帅四进一　车7平6（图2）

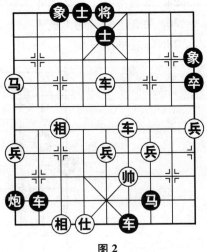

图2

第50局　徐超负许银川

1. 相三进五　炮8平4
2. 兵七进一　马8进7
3. 马八进七　车9平8
4. 炮二平四　车8进4
5. 马二进四　马2进3
6. 车一平二　车8平6（图1）
7. 仕四进五　炮4平6
8. 车二进二　卒3进1
9. 兵七进一　车6平3
10. 马七进八　炮2进2
11. 炮四平三　卒7进1
12. 车二进四　炮2进3
13. 炮三平八　马7进6
14. 马八退六?　车3平2
15. 车二平四　士4进5
16. 车九进一　象3进5
17. 炮八平六　卒1进1
18. 车九平七　卒1进1
19. 兵五进一　卒1平2
20. 兵五进一　车1进6
21. 兵五平四　车1平4

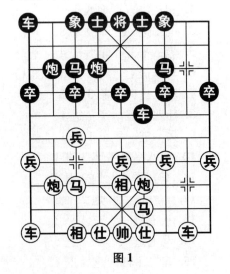

图1

22. 马四进二　卒 2 进 1

23. 车七进三？车 4 平 3！

24. 车七平九　炮 6 进 2

25. 马二进一　卒 9 进 1

26. 马一进三　车 3 平 7

27. 马三进二　车 7 平 8

28. 马二退一　车 8 退 2

29. 兵一进一　卒 2 平 3

30. 车九平七　卒 3 平 4

31. 炮六退一　车 8 进 5

32. 仕五退四　卒 4 进 1！

33. 炮六平三　卒 4 进 1（图 2）

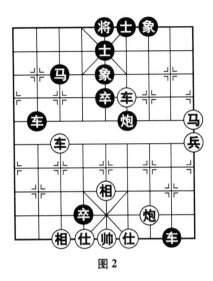

图 2

第 51 局　于幼华负宗永生

1. 相三进五　炮 8 平 4	2. 兵七进一　马 8 进 7
3. 马二进一　车 9 平 8	4. 车一平二　车 8 进 4
5. 炮二平三　车 8 平 4	6. 马八进七　马 2 进 3

7. 车二进四　象 3 进 5

8. 车九进一　卒 7 进 1（图 1）

9. 兵一进一　车 1 进 1

10. 炮八平九　炮 2 退 2

11. 车九平八　炮 2 平 3

12. 仕六进五　卒 3 进 1

13. 兵七进一　车 4 平 3

14. 马七进六　马 3 进 4

15. 炮九平六？士 4 进 5

16. 兵三进一　卒 7 进 1

17. 车二平三　马 7 进 8

18. 马六进四？炮 4 进 5

19. 炮三平六　马 4 退 6！

20. 马四进二　马 6 进 7

21. 马二进三　将 5 平 4

22. 车八进三　炮 3 进 1！

23. 车八平六　炮 3 平 4

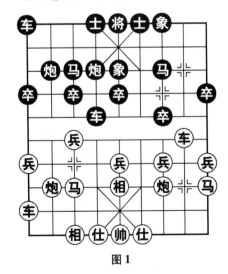

图 1

24. 相五进三　车1进1
25. 相三退五　车1平4
26. 车六进三　士5进4
27. 炮六平九　马8退7
28. 马一进三　车3进2
29. 后马退四　车3平1
30. 马三进一　车1退2
31. 马四进三　车1平7
32. 马三进五　车7平8
33. 马五进四　车8平6（图2）

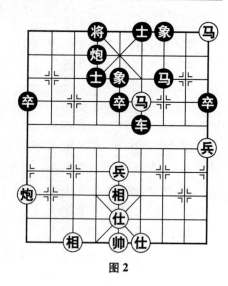

图 2

第52局　李林胜陶汉明

1. 相三进五　炮8平4
2. 兵七进一　马8进7
3. 马八进七　车9平8
4. 马七进六　车8进4
5. 马六进七　象3进5
6. 马二进四　炮2平3（图1）
7. 车九平八　车8平2
8. 炮二进二　马2进4
9. 马七退八　车2平6
10. 马四进二　车1进2
11. 炮二平六　马4进6
12. 仕四进五　炮3平2
13. 马八进七　炮2进7
14. 马七进九　炮4平2
15. 炮八平七　车6平4
16. 炮六退二　前炮退5？
17. 车一平四　士4进5？
18. 车四进六！车4退3

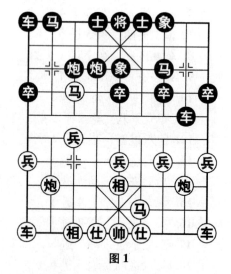

图 1

19. 车四平五　车4平1
20. 车五平八！车1进1
21. 车八退一　炮2平4
22. 兵五进一　卒1进1
23. 车八进一　卒7进1

24. 马二进四　马7进6
25. 炮七进一　炮4退2
26. 兵五进一　车1平4
27. 兵五平四　车4进4
28. 炮六进七　士5退4
29. 马四退六　车4平3
30. 兵四进一　马6退8
31. 兵四平三　车3平7
32. 兵三进一　车7平9
33. 兵三进一　车9平1
34. 马六进五（图2）

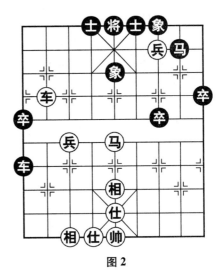

图2

第53局　崔岩胜李望祥

1. 相三进五　炮8平4
2. 兵七进一　马8进7
3. 马八进七　车9平8
4. 马七进六　炮4进2
5. 车一进一　象7进5
6. 车一平四　马2进1（图1）
7. 兵九进一　炮2平4
8. 马六进四　士6进5
9. 车九进三　车1平2
10. 马四进三　后炮平7
11. 车九平六　炮4退2
12. 车四进五　卒7进1
13. 兵五进一　车2进5
14. 马二进四　卒3进1
15. 兵七进一　车2平5
16. 炮八平七　卒9进1
17. 炮二进四！　车5平3
18. 炮七平六　车3退1

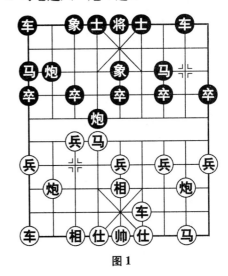

图1

19. 炮二平五　车8平6
20. 车四进三　将5平6
21. 车六平四　炮7平6
22. 马四进二　马1退3
23. 车四进三　将6平5?

24. 车四平一　炮6退2

25. 车一退一　炮4进4

26. 仕四进五　马3进2

27. 马二进一　马2进3?

28. 炮六平七!　炮4平5

29. 炮七进三　马3进4

30. 帅五平四　炮5平6

31. 炮七平四　前炮平9

32. 炮四平五　炮9退2

33. 后炮平一　马4退5

34. 帅四平五　炮6进5

35. 马一进三（图2）

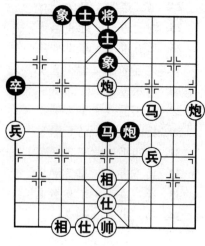

图 2

第54局　刘殿中负靳玉砚

1. 相三进五　炮8平4

2. 兵七进一　马8进7

3. 马二进一　马2进1

4. 马八进七　车1进1

5. 车一平二　车1平8

6. 炮二进四　卒7进1（图1）

7. 炮八平九　象7进5

8. 兵九进一　炮2平3

9. 马七进八　炮4进5

10. 马八进九　炮3平4

11. 车九进一　卒9进1

12. 车九平八　卒9进1

13. 车八进六　前炮平9

14. 炮九平一　士6进5

15. 车八退六?　马7进6!

16. 炮一进二　卒7进1

17. 炮二平一?　车8进8

18. 后炮进五　车8退6!

19. 后炮退二　车8平9

20. 车八进四　卒3进1

21. 前炮平六　士5退4

22. 兵三进一　卒5进1

23. 兵三进一　马6进7

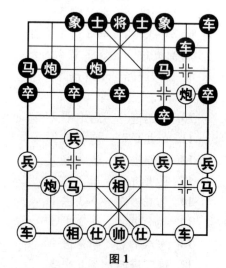

图 1

24. 车八进二　士4进5
25. 兵九进一　卒3进1
26. 车八退二　卒5进1
27. 兵五进一　马7退5
28. 仕六进五　马5退7
29. 相五进七　马7进8
30. 车八平四　马1进3
31. 仕五进六　马3进4
32. 车四退四　车9平2
33. 仕四进五　炮4平1
34. 炮一平五　炮1进2
35. 帅五平四　马4退5（图2）

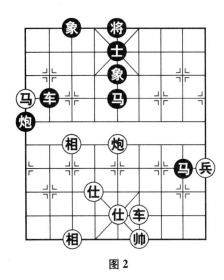

图2

第55局　林宏敏胜靳玉砚

1. 相三进五　炮8平4　　　2. 兵七进一　马8进7
3. 马二进一　马2进1　　　4. 马八进七　车1进1
5. 车一平二　车1平8　　　6. 炮二进四　卒7进1
7. 车九进一　象7进5
8. 兵九进一　卒9进1（图1）
9. 炮二进一　车8平6
10. 炮八平九　卒9进1
11. 兵一进一　车9进5
12. 马一进二　炮2平3
13. 车九平六　士6进5
14. 马七进八　炮3进3？
15. 相五进七　车6进4
16. 马二进三　车6退2
17. 车二进六　将5平6？
18. 仕六进五　车9平3
19. 炮九平一　车3平2
20. 炮一进七　车2平9
21. 炮二平一！车9平3
22. 相七进九　车3平2
23. 后炮退一！车2进4

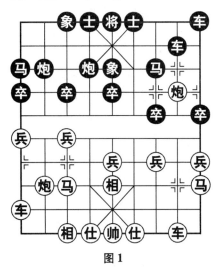

图1

24. 车六退一　车2平4
25. 帅五平六　车6进2
26. 车二进三　将6进1
27. 车二平三　车6平8
28. 车三退一　将6退1
29. 马三进一　马7退9
30. 后炮进二　车8退3
31. 车三进一　将6进1
32. 车三退三　将6退1
33. 车三平五　象5进3
34. 车五平四　炮4平6
35. 兵五进一　象3退5
36. 兵五进一　卒3进1
37. 兵五平四（图2）

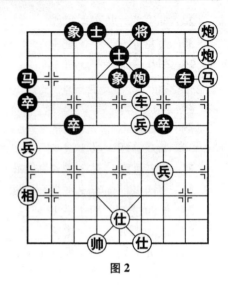

图 2

第 56 局　程鸣胜范思远

1. 相三进五　炮8平4	2. 兵七进一　马8进7
3. 炮二平四　马2进1	4. 马八进七　车9平8
5. 马二进三　车8进4	6. 车一平二　车8进5
7. 马三退二　车1进1	8. 马二进三　车1平6（图1）

9. 仕四进五　卒7进1
10. 兵九进一　车6进3
11. 车九进三　士6进5
12. 炮八平九　炮2平3
13. 车九平六　卒3进1
14. 车六进一　象7进5
15. 马七进八　卒3进1
16. 车六平七　炮3退1
17. 兵三进一　象5进3
18. 车七平六　炮4平3?
19. 帅五平四　车6进2
20. 兵三进一　车6平7
21. 马八进九　前炮平6

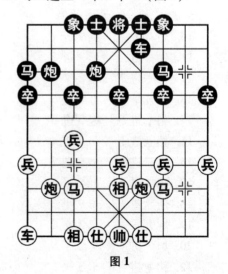

图 1

22. 车六平四　车7进1　　23. 炮四进五　车7退3

24. 炮四平七　象3退5　　25. 帅四平五　炮3平1?

26. 炮七平三　车7退2　　27. 马九进七！炮1平3

28. 车四平六　车7进7

29. 仕五退四　车7退5

30. 车六进四！车7平3

31. 马七退五　车3进2

32. 马五退四　马1进2

33. 兵九进一　马2进1

34. 马四进六　车3退2

35. 马六进五　炮3进1

36. 马五进三　将5平6

37. 车六退二　车3平6

38. 仕四进五　马1进3

39. 车六平七（图2）

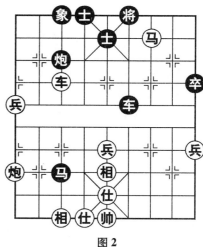

图2

第57局　胡荣华负刘殿中

1. 相三进五　炮8平4　　2. 兵七进一　马8进7

3. 马二进一　马2进1　　4. 马八进七　车1进1

5. 车九进一　车1平8　　6. 车一平二　车8进3（图1）

7. 炮二平三　车9平8

8. 车二进五　车8进4

9. 兵九进一　象7进5

10. 兵一进一　士6进5

11. 车九平六　卒1进1

12. 兵九进一　车8平1

13. 马一进二　卒7进1

14. 车六平四　炮2进4

15. 兵五进一　卒5进1

16. 车四进三　卒5进1

17. 车四平五　炮2退3

18. 车五平四?　车1进2

19. 车四退一　车1平6

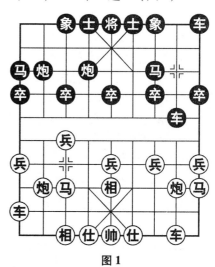

图1

20. 马二退四　马7进6　　　　**21.** 炮八进一　炮4进4

22. 马四进五　炮4平3　　　　**23.** 马七进五　马1进2

24. 炮八进三　马6进5　　　　**25.** 炮三平二　炮3平7

26. 炮八平一　炮7平8　　　　**27.** 马五进七　卒7进1

28. 兵一进一　卒7进1

29. 兵一平二　卒7进1

30. 炮二平一　炮8进3

31. 仕四进五　卒7进1

32. 前炮平二　炮8平9

33. 帅五平四　马2退4

34. 炮一进七　士5进6

35. 炮二平五　将5平6

36. 马七进六　士4进5

37. 炮五平四　将6平5

38. 兵二平三？马5进7！

39. 仕五进四　卒7平8

40. 帅四平五　马4进5！（图2）

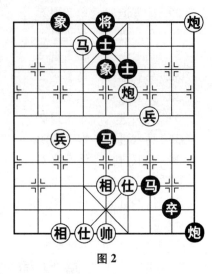

图2

第58局　赵国荣负汪洋

1. 相三进五　炮8平4

2. 兵七进一　马8进7

3. 马八进七　车9平8

4. 马七进六　马2进1

5. 马六进七　车8进4

6. 马二进四　车1进1（图1）

7. 车一平二　车1平6

8. 炮二平三　车8平6

9. 马四进二？炮2平3

10. 马七进九　炮4平1

11. 炮三进四　后车平8

12. 仕四进五　象7进5

13. 车二平四　车6平2

14. 炮八平六　车8进5

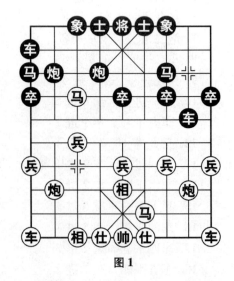

图1

15. 车四进六　炮3退1

16. 马二退四　士6进5　　**17.** 车四退二　士5进6

18. 兵三进一? 炮3平6!　　**19.** 炮三平四　马7进8

20. 兵三进一　车2平7　　**21.** 马四进二　车7平2

22. 炮四进二　马8进6　　**23.** 炮四退四　车8平5

24. 兵九进一　卒5进1　　**25.** 兵七进一　象5进3

26. 炮四退四　车5平8　　**27.** 炮四平二　车8平9

28. 马二进三　车9平8

29. 炮二平四　象3退5

30. 车九进二　车8平3

31. 炮六进四　卒5进1

32. 马三进四　士4进5

33. 车九平六　卒9进1

34. 炮六进二　卒5进1

35. 马四退六　车3退5

36. 马六退五　炮1平4

37. 车六进三　车2平3

38. 炮四进五　前车进2

39. 马五进七　后车平4

40. 炮四退五　车3退1!（图2）

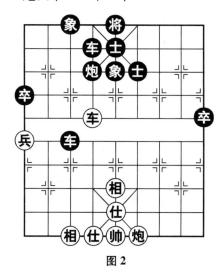

图2

第59局　胡荣华胜柳大华

1. 相三进五　炮8平4

2. 兵七进一　马8进7

3. 马二进一　车9平8

4. 车一平二　车8进4

5. 炮二平三　车8平4

6. 马八进七　象3进5

7. 车九进一　马2进3

8. 车二进四　炮2退2（图1）

9. 车九平四　炮2平4

10. 马七进八　卒3进1

11. 兵七进一　车4平3

12. 炮三进四　卒1进1

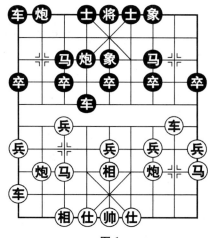

图1

13. 车二平三　象7进9　　　14. 兵一进一　士4进5

15. 马一进二　卒1进1　　　16. 炮八平九　车1进4

17. 车三平四　车3进2　　　18. 兵九进一　车1平7

19. 炮九平七　马3进4?　　　20. 马八进六　车7平4

21. 炮七进七　象5退3　　　22. 马二进四　炮4平6?

23. 前车平六!　车4进1　　　24. 马四退六　车3平5

25. 兵三进一　车5退1　　　26. 马六进八　车5平1

27. 车四平七　象3进5　　　28. 马八进六　车1平4

29. 马六进七　车4退4

30. 仕四进五　炮6退1

31. 马七退八　炮6进2

32. 马八退七　车4进3

33. 车七进二　车4平3

34. 车七平二!　卒5进1

35. 车二进四　炮6平3

36. 车二平三　炮3进2

37. 车三平五　炮3平9

38. 车五平一　将5平4

39. 车一退一　炮9平8

40. 车一退一　炮8退5

41. 炮三进三　将4进1

42. 炮三退四（图2）

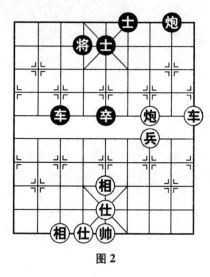

图2

第60局　蒋川胜徐超

1. 相三进五　炮8平4　　　2. 兵七进一　马8进7

3. 马二进一　马2进1　　　4. 马八进七　炮2平3

5. 马七进八　炮4进3　　　6. 马八进九　炮3平4（图1）

7. 兵九进一　车1平2　　　8. 车九进三　车9平8

9. 仕四进五　车8进6　　　10. 兵一进一　象3进5

11. 炮八平六　士4进5　　　12. 兵九进一　卒7进1

13. 炮六进五　士5进4　　　14. 车九平六　车8进1

15. 车六进一　士4退5　　　16. 车六退一　车2进9

17. 兵五进一　车2退4　　　18. 马九进七　车2退3

19. 兵九进一　车2平3
20. 兵九进一　车3平1
21. 相五退三　车1进3
22. 车六平七　卒3进1
23. 兵七进一　车1平5
24. 兵七进一　车5平9
25. 兵七进一　马7进6
26. 兵七进一　士5退4
27. 相七进五　车9进1
28. 车七平四　马6进7
29. 车一进一　卒9进1
30. 兵七平六　士6进5
31. 车一平三　马7退8
32. 车四进三　卒9进1
33. 车三平四　车9平4
34. 兵六平五　士4进5
35. 前车平五　马8进7?
36. 车四进七!　车4退4?
37. 车五平三!　象7进9
38. 车三进二　将5平4
39. 车四平五　马7退5
40. 车三平四　马5进6
41. 帅五平四　马6进8
42. 帅四平五（图2）

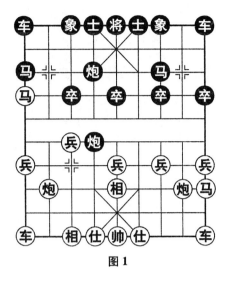

图 1

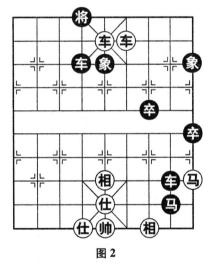

图 2

第 61 局　王天一负靳玉砚

1. 相三进五　炮8平4
2. 兵七进一　马8进7
3. 马二进一　车9平8
4. 车一平二　车8进4
5. 炮二平三　车8平4
6. 马八进七　马2进3
7. 车二进四　象3进5
8. 炮八退一　车4进4（图1）
9. 炮八进三　士4进5
10. 车二平六　车4平9

11. 相五退三　车9平8

12. 炮三进四　车8退4

13. 车六进二　炮2退1

14. 炮八平九?　车1平3

15. 车六平七　卒1进1

16. 炮九平八　车8平7

17. 炮三平二　马3退4

18. 相七进五　炮2平3

19. 炮八进五　车3平2

20. 车七进二　车7平8

21. 炮二平三　炮4平3

22. 马七进六　车8平7

23. 炮三平二　车7平4

24. 马六退四　马7进6

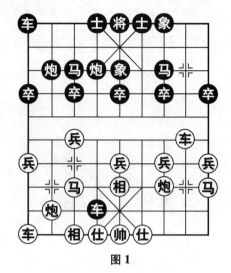

图1

25. 炮二退三　马6进5

27. 马四退六　车2进3

29. 炮二平三　卒5进1

31. 兵七平六?　卒5平6!

26. 仕六进五　马5进3

28. 兵三进一　车4进2

30. 兵七进一　卒5进1

32. 兵六平五　卒6平7

33. 相五进三　车4平1!

34. 车九进三　车2进6

35. 仕五退六　车2平4

36. 帅五进一　马3退1

37. 炮三平八　马1退2

38. 车七平六　炮3平4

39. 马六进七　马2进4

40. 帅五平四　车4退1

41. 仕四进五　前马进6

42. 兵五平六　马6进8

43. 帅四进一　车4平5（图2）

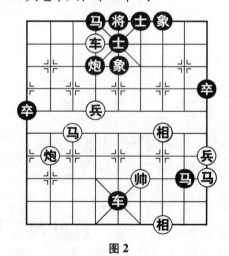

图2

第62局　胡荣华胜戴荣光

1. 相三进五　炮8平4

3. 马八进七　车9平8

2. 兵七进一　马8进7

4. 马七进六　炮4进2

5. 车九进一　卒 7 进 1

6. 车九平四　象 3 进 5（图 1）

7. 仕四进五　士 4 进 5

8. 马二进一　车 8 进 5

9. 兵三进一　卒 7 进 1

10. 车一平三　炮 4 平 9？

11. 车三进四　车 8 退 3

12. 马六退四　车 8 进 4

13. 马四退三　车 8 平 5

14. 炮二进一　车 5 退 2

15. 马一进三　炮 9 平 8？

16. 车四进七　炮 2 退 1

17. 车四退二　炮 2 进 1

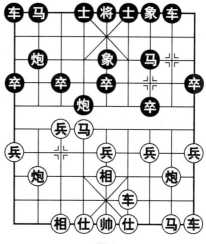

图 1

18. 后马进四　车 5 平 4

19. 车三平六　车 4 进 1

20. 马四进六　马 2 进 1

21. 车四平三　炮 8 退 3

22. 马三进四　炮 8 平 7

23. 车三平四　马 7 进 6

24. 马六进四　车 1 平 4

25. 炮二进六　车 4 进 4

26. 炮八进四　卒 3 进 1

27. 炮二退四　车 4 进 2

28. 兵七进一　车 4 平 6

29. 兵七进一　炮 2 退 1

30. 兵七进一　马 1 进 3

31. 炮二进四　马 3 进 5

32. 马四进二　车 6 退 3

33. 炮八平四　卒 9 进 1

34. 炮二退一！炮 7 平 6

35. 兵七进一　炮 2 进 5

36. 兵七平六　马 5 退 7

37. 炮二平一　卒 1 进 1

38. 炮四退五　炮 2 平 6

39. 炮四平三　后炮平 8

40. 炮一退二　马 7 退 6

41. 炮一平五！炮 8 进 1

42. 马二进四　炮 8 进 4

43. 炮三进二　炮 8 退 1

44. 炮五退二　象 7 进 9

45. 炮三进四　炮 6 平 5

46. 炮三平二（图 2）

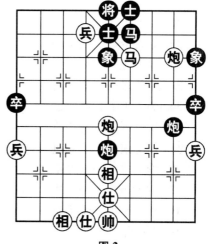

图 2

第 63 局　胡荣华胜柳大华

1. 相三进五　炮8平4
2. 兵七进一　马8进7
3. 马二进一　马2进1
4. 马八进七　车1进1
5. 车九进一　车1平8
6. 车一平二　车8进3
7. 炮二平三　车8进5
8. 马一退二　车9平8（图1）
9. 马二进四　车8进4
10. 车九平六　士6进5
11. 兵三进一　炮4平6
12. 兵五进一　象7进5
13. 马四进五　炮6退2
14. 兵五进一　车8平5
15. 车六平四　卒1进1
16. 车四进七　车5平8
17. 炮八平九　马7退8
18. 车四退二　卒5进1
19. 马五进六　卒5进1

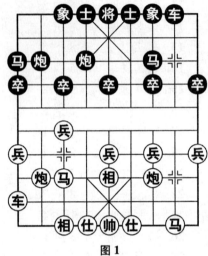

图 1

20. 车四平六　炮6进4
21. 车六平七　炮2进4
22. 车七平三　马8进6
23. 车三平一　马6进8
24. 车一平六　炮2平8？
25. 仕六进五　炮6进4？
26. 炮九进三！炮8进3
27. 炮三退二　车8进2
28. 炮九退一　马1进2
29. 车六平八　马2进4
30. 马七进六　卒5平4
31. 炮九进五　炮6平9
32. 马六进五　炮9进1
33. 车八进三　士5进4
34. 炮九平七　将5进1
35. 马五退四　将5平6
36. 车八退一　士4进5
37. 炮七退一　士5退4
38. 炮七退三　士4进5
39. 马四退六　车8退3
40. 炮七进三　士5退4
41. 兵一进一　车8平4
42. 炮七退一　士4进5
43. 车八退五！车4进2
44. 车八平四　士5进6
45. 车四进四　将6平5
46. 车四平二（图2）

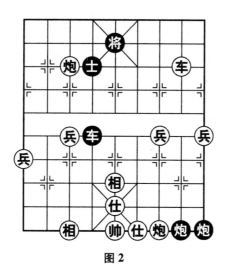

图2

第64局　柳大华胜童本平

1. 相三进五　炮8平4
2. 兵七进一　马8进7
3. 马二进一　车9平8
4. 车一平二　马2进1
5. 马八进七　车1进1
6. 车九进一　车1平6
7. 炮二进四　卒7进1
8. 车九平六　士6进5（图1）
9. 炮二平七　车8进9
10. 马一退二　车6平8
11. 马二进三　车8进5
12. 车六进五　车8平7
13. 马七退五　车7平6
14. 炮七平五　将5平6?
15. 炮五平九　象7进5
16. 兵九进一　炮2进4
17. 车六平三　卒7进1?
18. 车三退二　马7进5
19. 马五退三　车6退2
20. 仕四进五　卒9进1

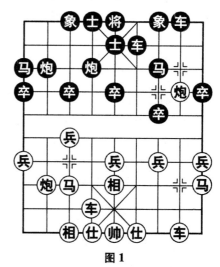

图1

21. 车三平二　将6平5
22. 后马进二　马5进7
23. 马二进三　马1进3

24. 兵五进一 炮2退1	25. 车二进二 马3进4
26. 炮九退一 车6退4	27. 炮九平五 马4退5
28. 炮八平七 炮2平5	29. 兵九进一 炮4进3
30. 后马进五 炮4平7	31. 马五进三 车6进6
32. 炮七平八 将5平6	33. 车二进三 象5退7
34. 马三退四 车6平9	
35. 车二平三 将6进1	
36. 帅五平四 炮5平6	
37. 帅四平五 炮6平5	
38. 帅五平四 车9进3	
39. 帅四进一 马7进9	
40. 炮五平四 马9进8	
41. 车三退七 炮5平6	
42. 马四进五 马5退7	
43. 车三平二 马7进6	
44. 车二进三 马6退5	
45. 炮八平七! 象3进1	
46. 车二平五!（图2）	

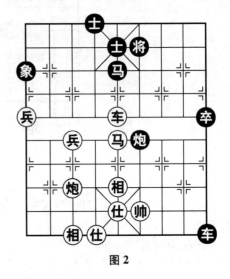

图2

第65局　郑惟桐胜谢丹枫

1. 相三进五 炮8平4
2. 兵七进一 马8进7
3. 炮二平四 车9进1
4. 马二进三 车9平3
5. 车一进一 卒3进1
6. 炮八平七 炮2平3（图1）
7. 车一平六 炮4平5
8. 车六进三 马2进1
9. 兵三进一 卒3进1
10. 车六平七 炮5进4
11. 仕六进五 炮3进5
12. 车七进四 马1退3
13. 马八进七 炮5退2

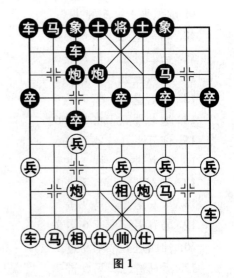

图1

14. 车九平八　车 1 进 2　　　15. 马三进四　车 1 平 3

16. 车八进三　马 3 进 5　　　17. 车八平五　炮 5 平 8

18. 车五平二　炮 8 平 5?　　　19. 车二平五　炮 5 平 8

20. 车五平二　炮 8 平 5　　　21. 车二进四!　马 5 进 3

22. 马四进三　炮 5 进 1　　　23. 车二退四　马 3 进 5

24. 兵三进一　马 5 退 7　　　25. 兵三进一　马 7 退 5

26. 车二平六　车 3 进 1　　　27. 帅五平六　马 5 进 3

28. 马七进五　车 3 进 1　　　29. 炮四平一　士 6 进 5

30. 马五进三　车 3 平 4　　　31. 车六进二　马 3 进 4

32. 炮一进四　象 7 进 5?　　　33. 兵三平四　马 4 进 6

34. 马三进二　炮 5 平 2　　　35. 兵四平五　卒 1 进 1

36. 兵五进一　象 3 进 5

37. 马二进三　将 5 平 6

38. 马三退五　马 6 退 5

39. 炮一平四　炮 2 退 4

40. 炮四退五　炮 2 平 4

41. 仕五进四　将 6 平 5

42. 马五退七　炮 4 平 1

43. 炮四平八　将 5 平 6

44. 炮八进八　将 6 进 1

45. 炮八平九!　马 5 退 3

46. 马七退九　马 3 进 2

47. 马九进八　马 2 进 3

48. 帅六平五　炮 1 进 2

49. 炮九退一（图 2）

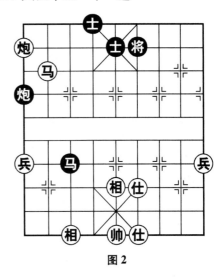

图 2

第 66 局　曹岩磊负汪洋

1. 相三进五　炮 8 平 4　　　2. 兵七进一　马 8 进 7

3. 炮八平六　炮 2 平 3　　　4. 马八进七　卒 3 进 1

5. 车九平八　马 2 进 1　　　6. 马二进四　车 9 平 8（图 1）

7. 车一平二　车 8 进 5　　　8. 兵三进一　卒 3 进 1

9. 马七进六　炮 4 进 5　　　10. 马六进四　卒 7 进 1

11. 前马进三　炮 4 平 8　　　12. 马三退五　炮 3 平 5

13. 马五退三　车1进1
14. 车二进二　车8平7
15. 马三进四?　车1平6
16. 前马退五　车7进3
17. 马四进六　卒3平4
18. 仕六进五　士6进5
19. 车八进七　车6进2
20. 车二进三　将5平6
21. 帅五平六　车6平4
22. 帅六平五?　卒4进1
23. 马六进八　卒4平5
24. 车二平四　将6平5
25. 马八进七　车7退7

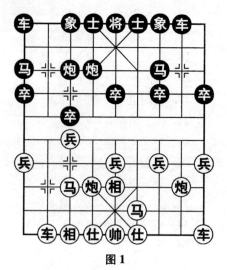

图1

26. 车八进一　马1进3
27. 车八平七　车4进5!
28. 车七退二　卒5进1
29. 车七平五　卒5进1
30. 仕四进五　车7进8
31. 车四退五　车7退2
32. 车四进二　车7平6
33. 仕五进四　车4退4
34. 帅五平四　车4平3
35. 马五退三　车3进5
36. 帅四进一　车3退1
37. 帅四退一　车3进1
38. 帅四进一　车3退1
39. 帅四退一　车3进1
40. 帅四进一　车3退1
41. 帅四退一　车3退3
42. 马三进二　车3平6
43. 帅四进一　将5平6
44. 车五平九　车6进2
45. 帅四平五　车6进1
46. 帅五退一　车6退2
47. 兵一进一　士5进6
48. 马二进三　车6平5
49. 帅五平六　车5平4
50. 帅六平五　炮5退1!（图2）

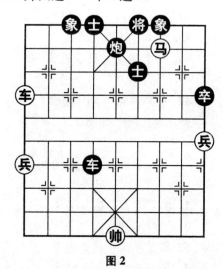

图2

第67局 陈启明胜张强

1. 相三进五 炮8平4
2. 兵七进一 马8进7
3. 马八进七 车9平8
4. 马七进六 车8进4
5. 马六进七 马2进3
6. 车一进一 士4进5
7. 车九进一 炮2退1
8. 车一平四 炮2平3（图1）
9. 马七退六 车1平2
10. 炮八平七 马3进4
11. 车四进四 卒7进1
12. 车四平六 炮3平4
13. 车六平七 象7进5
14. 车七进一 后炮进4
15. 车七平六 前炮平6
16. 车九平四 炮6退3
17. 车四进五 车2进4
18. 马二进四 卒1进1
19. 炮二平一 车8进2
20. 兵一进一 车8平9

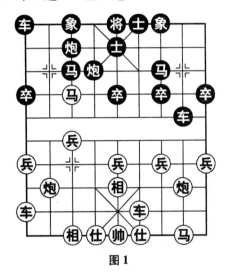

图1

21. 炮一平四 炮6进5
22. 炮七平四 车9退1
23. 马四进六 车2平6
24. 车四退一 马7进6
25. 车六平五 马6进7
26. 马六进五 马7进9
27. 仕六进五 马9进7
28. 炮四退一 车9平6?
29. 车五平四! 车6退2
30. 马五进四 炮4平1
31. 帅五平六 士5进6
32. 兵五进一 士6进5
33. 兵五进一 炮1进4
34. 仕五进四? 炮1进3!
35. 相七进九 炮1平6
36. 马四退五 炮6平8
37. 兵五进一 卒1进1
38. 马五进六 炮8退8
39. 兵七进一 马7退8
40. 炮四平九 卒1平2
41. 相九退七 象3进1
42. 兵七进一 象5退3
43. 兵五平四 炮8平6
44. 兵四进一 士5进6
45. 马六进四 象3进5
46. 兵七平六 马8退6
47. 兵六进一 象1进3
48. 兵六进一 卒2进1
49. 炮九进七 马6退7

50. 炮九退二　卒9进1（图2）

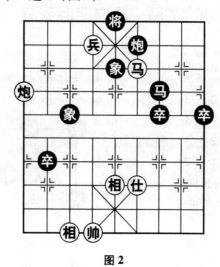

图2

第68局　谢丹枫负孙勇征

1. 相三进五　炮8平4

2. 兵七进一　马8进7

3. 炮二平四　马2进1

4. 马八进七　炮2平3

5. 马七进八　炮4进3

6. 马八进九　炮3平4

7. 兵九进一　车1平2

8. 车九进三　象7进5（图1）

9. 马二进四　士6进5

10. 车一平二　前炮平6

11. 炮四平三　车9平6

12. 兵三进一　卒5进1

13. 兵九进一　炮6进1

14. 车九退二　车2进6

15. 车二进六　炮6进1

16. 炮八平六　车2平5

17. 仕六进五　炮6退4

18. 车二平三　车5平3

19. 兵三进一　卒5进1

20. 兵三平二？马7进5

21. 马四进三　车3平6

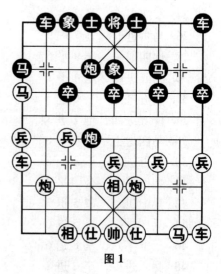

图1

22. 炮三平四　炮6进4　　　23. 炮六平四　马5进6
24. 炮四进二　后车进5　　　25. 马九进七　炮4进4
26. 马三退二　前车进2　　　27. 车三退三?　炮4平5
28. 车三平二　前车平7!　　29. 兵二平三　车6进3
30. 车二进六　象5退7　　　31. 车二平三　车6退8
32. 车三平四　将5平6　　　33. 车九平六　车7平8
34. 车六进五　车8平6　　　35. 帅五平六　车6退6!
36. 马七进九　车6平4　　　37. 车六进一　士5进4
38. 马九进七　马1退3　　　39. 兵九平八　卒5平4
40. 兵八进一　马3进2
41. 马七退六　马2进1
42. 马六退五　卒3进1
43. 兵七进一　马1退3
44. 兵三进一　炮5平2
45. 兵一进一　炮2退1
46. 马五进四　炮2平9
47. 马四进二　将6平5
48. 马二退一　卒4进1
49. 马一退二　炮9进4
50. 相五退三　炮9退8
51. 马二进四　炮9平4
52. 帅六平五　马3进2
53. 马四进六　马2进4（图2）

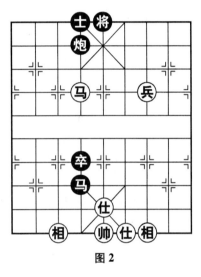

图2

第69局　李少庚胜黄丹青

1. 相三进五　炮8平4　　　2. 兵七进一　马8进7
3. 炮二平四　车9平8　　　4. 马二进三　卒7进1
5. 马八进七　马2进3　　　6. 马七进六　炮4平6（图1）
7. 炮八平七　象3进5　　　8. 车九平八　炮2退2
9. 炮四退一　车1进1　　　10. 兵七进一　象5进3
11. 炮四平七　象7进5　　　12. 仕四进五　士4进5
13. 车一平四　炮2平4　　　14. 车四进四　炮4进4
15. 兵三进一　车8进4　　　16. 车八进四　卒7进1

· 81 ·

17. 车四平三　马7进6
18. 前炮进四　卒9进1
19. 马六进四　车8平6
20. 前炮平六　马3退4?
21. 车三进二!　车1平2
22. 车八平六　车2进7
23. 车六平七　象3退1
24. 马三进二　车6平5
25. 兵五进一　车5平8
26. 车三平二　车8平7
27. 车二平五　炮4进2
28. 车五平三　车7平8
29. 马二退三　车8进2
30. 车七退一　车8退2

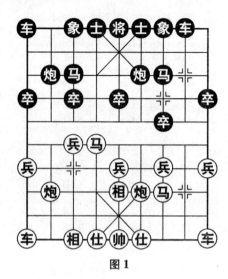

图 1

31. 炮七进一　炮4进2
32. 炮六平五　车2退5
33. 车三平四　炮4平1
34. 兵五进一　车8平5
35. 炮五进二　车2平6
36. 炮五退三　士6进5
37. 车七平二　马4进2
38. 车二进二　马2进3
39. 炮五退一　马3进4
40. 炮七进二　炮1进1
41. 车二平八　将5平6?
42. 车八退五　炮1退1
43. 车八进三　炮1进1
44. 车八平六　马4退3
45. 车六平八　马3进4
46. 车八平六　马4退3
47. 车六进二　象5退3
48. 炮五退一　炮6平5
49. 炮七平四　车6平5
50. 车六平一　将6平5
51. 车一进四　士5退6
52. 车一退三　车5进2
53. 车一平七　炮5进4
54. 车七退三!（图2）

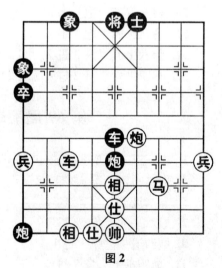

图 2

第70局 孙勇征胜张强

1. 相三进五 炮8平4　　**2.** 兵七进一 马8进7

3. 马二进一 车9平8　　**4.** 车一平二 车8进4

5. 炮二平三 车8平5

6. 马八进七 卒3进1（图1）

7. 兵五进一 车5平4

8. 炮三进四 象3进5

9. 兵七进一 车4平3

10. 马七进五 马2进3

11. 马五进三 车1进1

12. 车九进一 车3进3

13. 炮八退二 马3进4

14. 兵五进一 马4进3

15. 马三进四 炮4进4

16. 马四进三 车1平7

17. 炮三进二 炮4平5

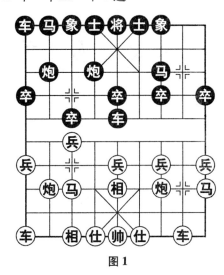

图1

18. 仕四进五 车3进2　　**19.** 炮八进四 马3进5

20. 车二进二 马5退3　　**21.** 帅五平四 卒5进1

22. 炮三平二 象5退3　　**23.** 车二平四 士6进5

24. 炮二退七 卒5进1　　**25.** 炮八退二 马7进8

26. 炮二平四 马8进6　　**27.** 车四平六 炮2平3？

28. 兵三进一 车3平2　　**29.** 炮八平七 炮3进5

30. 车六平七 马3进5？　　**31.** 炮四进二！车2平4

32. 帅四进一 车4退4　　**33.** 车七平五 炮5平9

34. 车五平六 车4平3　　**35.** 车九平六 车3进1

36. 炮四平三 象7进5　　**37.** 帅四退一 炮9退2

38. 前车进一 车3进3　　**39.** 后车退一 车3退1

40. 后车进一 车3进1　　**41.** 后车退一 车3退4

42. 后车进二 车3进4　　**43.** 仕五退六 炮9平2

44. 前车平八 炮2平6　　**45.** 炮三平四 炮6平3

46. 马一退三 马6退5　　**47.** 炮四进二 炮3退2

48. 车六进三 车3退2　　**49.** 炮四平五 车3平7

50. 车六进一　车7进1　　　51. 车六平五　炮3进7

52. 仕六进五　车7进1　　　53. 帅四进一　车7退4

54. 车五平四！炮3退1　　　55. 仕五进六（图2）

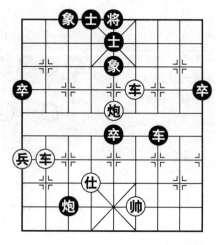

图2

第71局　董旭彬负徐超

1. 相三进五　炮8平4　　　2. 兵七进一　马8进7

3. 马二进三　炮2平3　　　4. 车一平二　马2进1

5. 马八进九　车1平2

6. 车九平八　车9平8（图1）

7. 炮二进四　卒7进1

8. 炮二平三　车2进4

9. 炮八平七　车2平6

10. 车八进三　士6进5

11. 车二进九　马7退8

12. 仕六进五　象7进5

13. 兵五进一　马8进7

14. 炮三平七　马1进3

15. 炮七进四　车6进4

16. 炮七平六？车6平7！

17. 兵七进一？车7退1

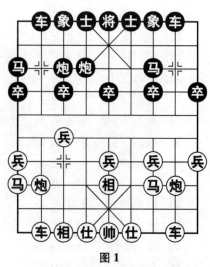

图1

18. 兵七进一	炮 3 平 1	**19.** 兵七进一	炮 4 退 1
20. 车八进五	炮 1 进 4	**21.** 兵一进一	炮 1 平 4
22. 马九进八	车 7 退 1	**23.** 炮六平七	后炮进 4
24. 兵一进一	将 5 平 6	**25.** 马八退六	车 7 平 4
26. 车八平六	象 3 进 1	**27.** 炮七平一	卒 7 进 1
28. 炮一平九	卒 7 平 6	**29.** 车六退三	卒 6 平 5
30. 炮九平六	车 4 平 9	**31.** 炮六退二	车 9 平 4
32. 兵一平二	车 4 退 1	**33.** 车六平九	象 1 进 3
34. 兵二进一	马 7 进 6	**35.** 兵二进一	前卒进 1
36. 车九进一	车 4 退 2	**37.** 车九退二	马 6 进 4
38. 仕五进四	后卒进 1	**39.** 仕四进五	后卒进 1
40. 车九退一	车 4 平 3	**41.** 兵七平八	车 3 平 8
42. 兵二平三	车 8 平 7		
43. 兵三平二	将 6 平 5		
44. 兵八进一	车 7 平 8		
45. 兵二平三	前卒进 1		
46. 相七进五	车 8 进 6		
47. 仕五退四	马 4 进 5		
48. 仕四退五	车 8 退 6		
49. 仕五进六	车 8 平 7		
50. 兵三平二	车 7 平 6		
51. 帅五进一	马 5 进 7		
52. 车九平三	马 7 退 6		
53. 帅五平六	卒 5 进 1		
54. 仕四进五	卒 5 进 1		
55. 车三退一	车 6 平 2！（图 2）		

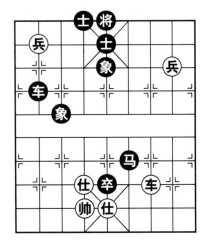

图 2

第 72 局　林宏敏胜童本平

1. 相三进五	炮 8 平 4	**2.** 兵七进一	马 8 进 7
3. 马二进一	马 2 进 1	**4.** 马八进七	车 1 进 1
5. 车九进一	车 1 平 8	**6.** 车一平二	象 7 进 5
7. 炮二进五	车 8 平 6	**8.** 兵九进一	车 6 进 3（图 1）
9. 车二进四	士 6 进 5	**10.** 马七进六	车 6 平 5

11. 马六进七　车5进2

12. 仕六进五　炮2平3

13. 马七进九　炮4平1

14. 兵七进一　车5平2

15. 炮八平六　车2平3

16. 兵七平六　车9平6

17. 车九平八　卒1进1？

18. 兵九进一　车3平1

19. 车八进四　炮3进4

20. 兵一进一　车6进4？

21. 车二平八　车6平8

22. 炮二平一　卒9进1

23. 后车平二！车8平6

24. 车二进三！象5进7

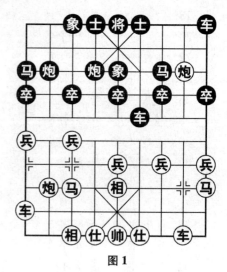

图1

26. 兵三进一　炮9进3

28. 车三进二　士5退6

30. 车三平五　士6进5

32. 兵九平八　炮7平2

34. 兵八进一　车1平4

36. 兵八平七　卒9进1

38. 相五退三　炮2进2

40. 车五平九　炮1退3

42. 马二进三　卒8平7

44. 马一进二　炮1平5

46. 炮六平八　卒8进1

48. 炮二平四　车8进3

50. 相五退三　车8退5

52. 帅五退一　车8退2

54. 炮四平七　象3进1

56. 炮八进七　将6进1

58. 相三进五　士5进6

25. 车二平三　炮1平9

27. 兵三进一　卒7进1

29. 车三退三　炮3平7

31. 兵六进一　车6平2

33. 仕五退六　炮2进1

35. 仕四进五　炮9平1

37. 车五退二　炮1进4

39. 相三进五　卒9进1

41. 马一退二　卒9平8

43. 马三进一　车4平6

45. 车九平五　前卒平8

47. 炮八平二　车6平8

49. 炮四退二　炮5进2

51. 帅五进一　车8进4

53. 炮四进二　车8平6

55. 炮七平八　将5平6

57. 炮八退一　将6退1

59. 车五平一　(图2)

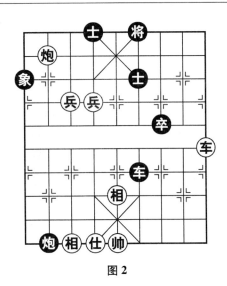

图2

第73局 苗利明负赵鑫鑫

1. 相三进五 炮8平4
2. 兵七进一 马8进7
3. 炮二平四 车9平8
4. 马二进三 卒7进1
5. 马八进七 马2进3
6. 炮八进二 马7进6（图1）
7. 兵三进一 卒7进1
8. 炮八平三 炮4平6
9. 炮三平四 马6退7
10. 前炮平五 象3进5
11. 车九平八 车1平2
12. 车一平三 炮2平1
13. 车八进四 士4进5
14. 马三进二 车8进5
15. 车三进七 车2进5
16. 炮五平八 车8退1
17. 车三退三 车8平2
18. 车三平六 炮1退2

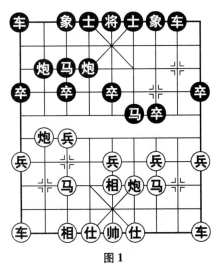

图1

19. 车六进二 炮1平3
20. 炮四退一? 炮6平8
21. 炮四平八 炮8进7
22. 仕四进五 车2平7
23. 车六进二 炮8退8

24. 车六退四　炮8进6
25. 车六进四　炮8退6
26. 车六退四　卒3进1
27. 兵七进一　炮8进6
28. 马七退九　炮3进4
29. 车六平二　炮8平9
30. 前炮平七　炮3平2
31. 炮八平七?　马3进4
32. 前炮平六　炮9进2
33. 马九进七　马4进6
34. 车二平三　马6进4!
35. 仕五进六　车7平8
36. 炮七平三　炮2进4!
37. 兵九进一　卒5进1
38. 车三退二　卒9进1
39. 炮六平三　炮2退2
40. 前炮退一　炮2平5
41. 相五进三　车8进5
42. 帅五进一　炮9退1
43. 后炮退一　车8退1
44. 帅五退一　炮9进1
45. 后炮进一　炮5平9
46. 后炮平九　后炮平8
47. 车三平一　车8进1
48. 帅五进一　车8平7
49. 炮三退一　卒5进1
50. 相七进五　车7平8
51. 车一进三　炮9平4
52. 炮九进五　马4退6
53. 炮三进一　炮4平1
54. 炮九退六　车8平1
55. 车一平四　车1退4
56. 帅五退一　车1进4
57. 马七退六　炮8进3
58. 仕六退五　车1退3
59. 炮三退二　车1平7 (图2)

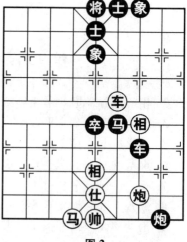

图2

第74局　胡荣华胜于幼华

1. 相三进五　炮8平4
2. 兵七进一　马8进7
3. 马二进一　卒9进1
4. 马八进七　马2进1
5. 炮二平三　车9平8
6. 车九进一　象3进5
7. 车一平二　车8进9
8. 马一退二　炮2平3 (图1)
9. 车九平六　士4进5
10. 马七进八　炮3退1?
11. 车六进三　炮3平4
12. 车六平四　车1平3?

13. 炮三进四　卒3进1

14. 马二进三　卒1进1

15. 兵三进一　象7进9

16. 炮八平九!　卒3进1

17. 车四平七　车3进5

18. 相五进七　马1进2

19. 相七退五　后炮平1

20. 炮九进三　炮1进5

21. 炮九平一　马2进4

22. 马八进六　象5进3

23. 炮一平七　马4进2

24. 炮七平八　马2进3

25. 帅五进一　炮1进2

26. 炮八退四　炮4进7

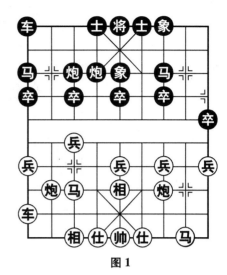

图1

27. 马六退八　炮4退6

28. 炮三平六　马3退4

29. 帅五退一　炮1进1

30. 炮八退一　马4退2

31. 炮六退六　马2进3

32. 仕四进五　马7进6

33. 炮八进一　炮1退7

34. 仕五进六　马3进1

35. 炮八平一　马1退2

36. 炮一进六　士5退4

37. 兵三进一　马2进3

38. 炮六进一　马6进4

39. 相五进七　马4进6

40. 马三进四　马3退2

41. 仕六退五　炮1进4

42. 炮一平五　将5进1

43. 炮五平四　炮1平5

44. 仕五进四　马6进8

45. 马四进六　炮5平4

46. 炮四平九　马2进4

47. 马六进七　将5退1

48. 帅五进一!　炮4平2

49. 炮九进二　士4进5

50. 马七进六　炮2退6

51. 马六退八　士5退4

52. 相七退五　士6进5

53. 炮六平七　将5平6

54. 炮七进八　将6进1

55. 兵三进一　马4退5

56. 兵三进一　马5退4

57. 炮七退二　炮2平3

58. 兵三进一　将6退1

59. 炮九平八　马8退6

60. 炮七平九（图2）

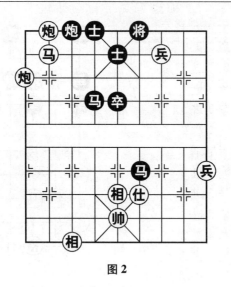

图2

第75局 景学义负徐超

1. 相三进五　炮8平4
2. 兵七进一　马8进7
3. 马八进七　车9平8
4. 马七进六　马2进1
5. 车九进一　炮2平3
6. 车九平四　车1平2
7. 车四进三　卒7进1
8. 马二进四　炮3进3（图1）
9. 车四进二　象3进5
10. 炮八平六　炮4进5
11. 炮二平六　炮3进1
12. 车四进一　士4进5
13. 车四平三　车8进8
14. 仕四进五　车8平6
15. 车一平四?　车6进1
16. 帅五平四　车2进5
17. 马六进五　车2平8!
18. 马五退三?　车8进4
19. 帅四进一　炮3进2
20. 仕五进四　车8平4

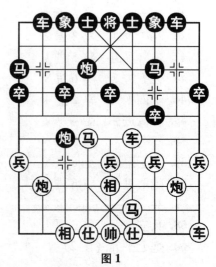

图1

21. 炮六平八　车4退1
22. 帅四退一　车4退1
23. 炮八进二　车4退2

24. 炮八平九	马1退2	**25.** 马三进五	车4退2
26. 车三退一	炮3平2	**27.** 炮九平八	卒3进1
28. 兵五进一	卒3进1	**29.** 相五进七	炮2平7
30. 车三平二	马2进4	**31.** 兵五进一	车4进6
32. 帅四进一	车4退1	**33.** 帅四退一	车4平2
34. 车二退五	车2退3	**35.** 车二平三	车2平3
36. 车三平六	马4进3	**37.** 兵五平六	车3进4
38. 帅四进一	车3平7	**39.** 车六进一	车7退1
40. 帅四退一	车7退2	**41.** 车六平八	马3进1
42. 马五进七	马1进2	**43.** 兵一进一	士5进4
44. 马七退九	士6进5	**45.** 马九进七	将5平6
46. 马七进八	车7平4	**47.** 马八进六	车4进3
48. 帅四进一	车4退1		
49. 帅四退一	车4进1		
50. 帅四进一	马2进4		
51. 帅四平五	车4平5		
52. 帅五平六	马4退5		
53. 车八平七	车5退3		
54. 马六退四	车5平6		
55. 马四进三	将6平5		
56. 仕四退五	车6平4		
57. 仕五进六	车4平7		
58. 马三退四	马5进6		
59. 帅六平五	车7进2		
60. 帅五进一	马6进7		
61. 马四退五	车7退2!（图2）		

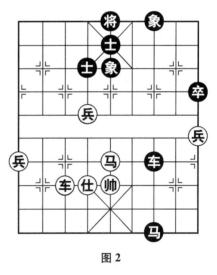

图2

第76局　陈富杰胜徐超

1. 相三进五	炮8平4	**2.** 兵七进一	马8进7
3. 马二进一	马2进1	**4.** 马八进七	炮2平3
5. 马七进八	炮4进3	**6.** 炮二进二	象7进5（图1）
7. 兵九进一	车9平8	**8.** 车一平二	炮3平4?
9. 兵九进一!	卒1进1	**10.** 车九进五	前炮平2

11. 炮二平八　　车8进9
12. 马一退二　　马1退3
13. 车九进四　　马3退1
14. 后炮平七！　炮4进4
15. 炮七进四　　卒7进1
16. 马二进四　　马1进3
17. 兵一进一　　士6进5？
18. 兵三进一　　卒7进1
19. 炮八平三　　马3进1
20. 炮七平六　　马1进2
21. 兵七进一　　马7进6
22. 兵七平八　　马6退4
23. 兵八平七　　马4进3
24. 兵七平六　　马3退2
26. 炮三退四　　马2进3
28. 马四进二　　马1进2
30. 后兵进一　　炮4退1
32. 后兵进一　　炮4平9
34. 炮三进三　　炮9平8
36. 仕五进六　　士4进5
38. 兵五进一　　卒9进1
40. 炮四进二　　马4退5
42. 炮四平五　　将5平6
44. 马二退四　　炮8平6
46. 相七进五　　卒8平7
48. 马四退二　　卒6平7
50. 兵六进一　　将5平4
52. 兵六平五　　象3进5
54. 兵三平四　　炮6平8
56. 马三退五　　炮8平5
58. 兵四平五　　将4进1
60. 兵五进一　　马1进2
62. 帅五平四　　卒5平6

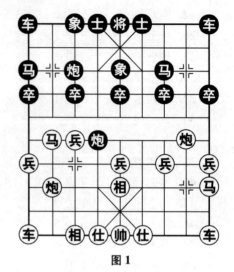

图1

25. 兵六进一　　卒5进1
27. 兵六平五　　马3退1
29. 马二进三　　卒5进1
31. 仕四进五　　马2退3
33. 前兵平四　　马3进4
35. 炮三平四　　士5进4
37. 仕六进五　　卒9进1
39. 马三进二　　卒9进1
41. 炮四退一　　马5退3
43. 兵五平六　　马3进4
45. 相五进七　　卒9平8
47. 兵四平三　　卒7平6
49. 马二进一　　将6平5
51. 炮五进四　　炮6退3
53. 炮五平三　　卒7平6
55. 马一退三　　炮8进2
57. 炮三退四　　马4退3
59. 炮三进二　　马3进1
61. 炮三退五　　卒6平5
63. 仕五退六（图2）

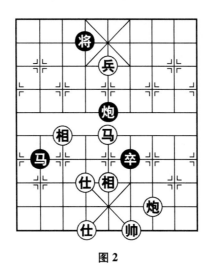

图2

第77局 苗利明胜黄仕清

1. 相三进五 炮8平4
2. 兵七进一 马8进7
3. 炮二平四 车9平8
4. 马二进三 卒7进1
5. 马八进七 象3进5
6. 炮八平九 炮2退1（图1）
7. 车九平八 炮2平7
8. 马七进六 马2进4
9. 马六进七 炮4平3
10. 马七退六 车8进5?
11. 兵三进一 车8进1
12. 车一平二 车8进3
13. 马三退二 卒7进1
14. 相五进三 车1平2?
15. 车八进九 马4退2
16. 相七进五 炮7平1
17. 炮四平三 马7进8
18. 兵七进一 马8进6

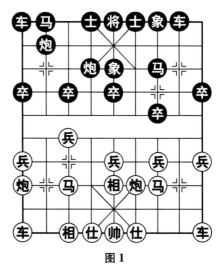

图1

19. 兵七进一 炮3平4
20. 炮三进一 炮1平9
21. 炮九进四 卒5进1
22. 炮三平四 炮9进5
23. 马二进三 炮9平5

24. 马三进五　卒5进1　　　　25. 马五退七　卒5平4

26. 马七进六　士4进5　　　　27. 炮四平八　马6进4

28. 炮八进五！炮4平1　　　　29. 兵七进一　炮1退1

30. 炮九平八！马2进4　　　　31. 兵七进一　炮1平3

32. 前炮平六　马4进6　　　　33. 帅五进一　马6退5

34. 炮六退三　炮3平4　　　　35. 炮六平五　炮4进3

36. 炮八退二　马5退7　　　　37. 帅五退一　马7退6

38. 炮五平四　卒9进1　　　　39. 仕六进五　士5进4

40. 炮四进一　士6进5　　　　41. 炮八进二　卒9进1

42. 炮八平五　炮4平8　　　　43. 兵九进一　炮8进5

44. 相五退三　炮8退4　　　　45. 马六进八　象7进9

46. 马八进九　炮8退4　　　　47. 马九退七　炮8平7

48. 相三进五　象9退7　　　　49. 炮五退二　马6进8

50. 马七退五　炮7进1　　　　51. 马五进三　马8退7

52. 炮五平一　炮7平8

53. 炮四平五　象7进9

54. 仕五进四　象9进7

55. 炮一进二　炮8进2

56. 仕四进五　将5平4

57. 炮一退三　炮8进2

58. 马三退一　炮8平5

59. 马一进二　士5进6

60. 帅五平六　炮5平8

61. 兵九进一　象7退9

62. 兵九平八　马7进8

63. 马二退四　马8退7

64. 炮五平六（图2）

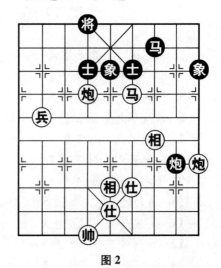

图2

第78局　于幼华胜蒋川

1. 相三进五　炮8平4　　　　2. 兵七进一　马8进7

3. 马二进一　马2进1　　　　4. 马八进七　车1进1

5. 车九进一　车1平8　　　　6. 马七进六　卒7进1

7. 车一平二　象7进5　　　　8. 炮八平六　炮4进5（图1）

9. 炮二平六　车8进8

10. 马一退二　炮2进3

11. 马六退七　炮2退1

12. 车九平四　卒1进1

13. 车四进五　炮2平4

14. 马二进三　炮4退1

15. 车四退二　车9平8

16. 兵三进一　车8进4

17. 炮六退一　马1进2

18. 炮六平九　炮4进4

19. 马三退五　炮4进1

20. 马五退三　卒7进1

21. 车四平三　炮4退6

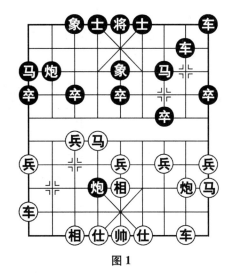

图1

22. 马三进四　车8平6

23. 马四进五　士6进5

24. 车三进二　将5平6

25. 仕四进五　马2退1

26. 马五退三　车6平7?

27. 车三退一　象5进7

28. 马七进六　马1进2

29. 兵七进一　马2进1

30. 兵七进一　马1进2

31. 炮九进一　炮4平5

32. 马六进四　马7进6

33. 马三进四　马2退3

34. 炮九平七　卒5进1

35. 兵七平六　马3退4

36. 兵六平五　炮5平9

37. 炮七进三　炮9进4

38. 炮七平五　炮9退2

39. 马四进三　将6平5

40. 炮五退一　象7退5?

41. 炮五平六　马4进6

42. 前兵平四　炮9进5

43. 兵五进一　马6进8

44. 马三退四　马8进7

45. 帅五平四　马7退6

46. 炮六进一　炮9退5

47. 马四进二　马6退7

48. 兵五进一　马7进6

49. 兵五进一　炮9平5

50. 兵五进一　将5平6

51. 兵四平五　卒1进1

52. 炮六平八　卒1平2

53. 炮八进四　将6进1

54. 炮八退一　将6退1

55. 马二进一　象3进5

56. 兵五进一　士5进6

57. 马一退三　将6平5

58. 兵五平四　将5进1

59. 马三退四　马6退7

60. 兵四平五　将5平6

61. 仕五进四　炮5平4

62. 马四进三　马7退8

63. 帅四平五　卒9进1

64. 相五退三　卒 9 进 1

65. 马三进五　炮 4 退 3

66. 兵五平四! 将 6 退 1

67. 马五退三　炮 4 平 7

68. 炮八退三! (图 2)

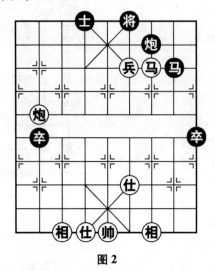

图 2

第 79 局　崔岩负潘振波

1. 相三进五　炮 8 平 4

2. 兵七进一　马 8 进 7

3. 马八进七　车 9 平 8

4. 马七进六　炮 4 进 2

5. 车一进一　象 3 进 5

6. 车一平四　卒 7 进 1

7. 炮八平七　炮 2 平 4

8. 马六进四　马 2 进 3 (图 1)

9. 车九平八　士 4 进 5

10. 车八进六　前炮进 2

11. 车八退三　前炮退 2

12. 兵五进一　车 1 平 2

13. 车八进六　马 3 退 2

14. 马四退五　前炮进 2

15. 车四平八　马 2 进 1

16. 马二进四　车 8 进 6

17. 兵三进一　车 8 平 6

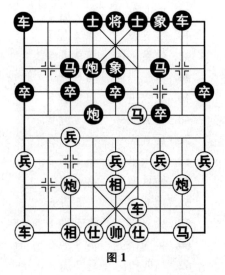

图 1

18. 兵三进一　象5进7　　19. 炮二平三　象7进5
20. 炮七进一?　马7进6!　21. 兵五进一　卒5进1
22. 马五进四　车6退2　　23. 兵九进一　车6进3
24. 马四退二　前炮平5　　25. 仕四进五　马1退3
26. 车八进八　炮4退2　　27. 车八退一?　马3进4
28. 车八平六　马4进3　　29. 车六退五　炮5退1
30. 车六进一　车6退4!　31. 车六平七　炮4平3
32. 车七平六　炮3进6　　33. 车六退一　炮3平2
34. 炮三退二　车6进4　　35. 车六平七　炮3平4
36. 炮三进二　车6平5　　37. 帅五平四　车5平2
38. 炮三平六　炮4平1　　39. 炮六平五　炮5进3
40. 车七退二　炮1进1　　41. 车七平五　车2平4
42. 帅四进一　车4进2　　43. 车五平九　车4平8
44. 车九退一　车8退1　　45. 帅四退一　车8进1
46. 帅四进一　车8退1　　47. 帅四退一　车8进1
48. 帅四进一　卒5进1　　49. 炮五平九　卒5进1
50. 炮九进四　车8退1　　51. 帅四退一　车8平4
52. 车九进二　车4进1　　53. 帅四进一　车4平3
54. 车九平八　车3退1　　55. 帅四退一　车3进1
56. 帅四进一　士5进6
57. 炮九平一　车3退1
58. 帅四退一　车3退3
59. 炮一平五　象5退7
60. 车八进七　将5进1
61. 车八退六　卒5进1
62. 车八平五　卒5平6
63. 帅四平五　车3平4
64. 炮五平六　象7进5
65. 车五平四　卒6平5
66. 车四平五　卒5平6
67. 车五进三　车4平1
68. 炮六退六　卒3进1
69. 帅五进一　车1平4（图2）

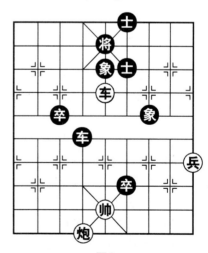

图2

第 80 局　胡荣华胜谢岿

1. 相三进五　炮8平4
2. 兵七进一　马8进7
3. 马二进一　车9平8
4. 车一平二　车8进4
5. 炮二平三　车8平4
6. 马八进七　象3进5
7. 车二进四　马2进3
8. 车九进一　卒7进1（图1）

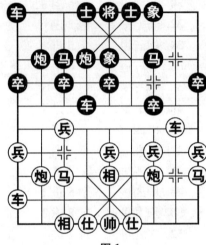

图 1

9. 车九平二　炮2平1
10. 炮八退一　车1进1
11. 前车平四　车4平6
12. 车四进一　马7进6
13. 车二平四　马6退7
14. 马七进八　车1平8
15. 炮八进一　炮1进4
16. 车四平九　炮1退2
17. 马八进七　炮1平6?
18. 车九平四　炮6退3?
19. 马七进五　炮6进1
20. 马五进六!　马3退4
21. 车四进六　象7进5
22. 车四退三　马4进3
23. 车四平六　士6进5
24. 兵一进一　车8平6
25. 马一进二　马7进6
26. 马二进四　车6进3
27. 车六进二　马3进4
28. 仕六进五　马4进6
29. 车六平五　炮4进6
30. 车五平六　车6平4
31. 车六退一　马6退4
32. 炮三平一　马4进3
33. 炮一进四　炮4退4
34. 炮一平五　马5退6
35. 兵七进一　炮4进1
36. 兵七平六　马6进7
37. 兵一进一　炮4平6
38. 炮五退一　马7退5
39. 兵一平二　马5进3
40. 兵六进一　炮6平5
41. 炮八平七　将5平6
42. 帅五平六　马3退2
43. 炮五平七　马2进1
44. 后炮退一　卒1进1
45. 前炮平四　炮5平8
46. 兵六平五　象5退7
47. 兵二平三　马1进3
48. 兵五平四　将6平5
49. 炮四平五　士5进4

50. 仕五进六　卒1进1

51. 帅六平五　马3退4

52. 炮五退一　马4进2

53. 炮七进二　马2进3

54. 帅五平六　马3退4

55. 兵三平四　卒1平2

56. 相七进九　卒2进1

57. 炮七退二　卒2平3

58. 炮七平五　炮8进4

59. 相五退三　将5平4

60. 前炮平六　将4平5

61. 前兵平五　士4退5

62. 兵五平六　士5退4

63. 炮五进二　卒3进1

64. 兵四进一　炮8平6

65. 兵四进一　将5平6

66. 炮六平四　将6平5

67. 炮四平五　将5平6

68. 兵六进一　炮6退4

69. 兵六进一　马4退3

70. 兵六进一！（图2）

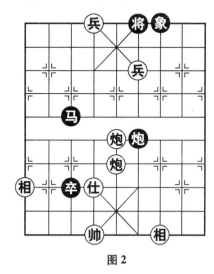

图2

第81局　胡荣华胜宗永生

1. 相三进五　炮8平4

2. 兵七进一　马8进7

3. 马二进一　车9平8

4. 车一平二　车8进4

5. 炮二平三　车8平4

6. 马八进七　象3进5

7. 车二进四　马2进3

8. 车九进一　卒7进1

9. 车九平二　车1进1

10. 前车平四　炮2退2（图1）

11. 炮八退一　车1平4

12. 仕四进五　炮2平3

13. 车二进三　前车进4

14. 炮三退一　前车退4

15. 炮三进一　前车进4

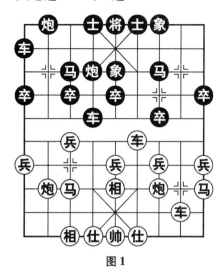

图1

16. 炮三退一　前车退4　　17. 炮八平七　后车平2

18. 兵三进一　车2进6　　19. 炮三进一　车2进1

20. 炮三退一　车2退1　　21. 炮三进一　车2退3

22. 兵三进一　车4平7　　23. 车二平三　车7进1

24. 车四平三　马7进8　　25. 车三平二　车2平7

26. 炮三退二　炮4退1?　　27. 马七进六　炮4平8?

28. 马一进三!　马8进4　　29. 炮三进五　象5进7

30. 马三进二　象7进5　　31. 马二进三　卒5进1

32. 马三退一　炮8平6　　33. 马一进三　士4进5

34. 兵一进一　士5进6　　35. 马六进七　炮3进3

36. 炮七进五　炮6进1　　37. 炮七平六!　炮6平1

38. 兵七进一　卒1进1　　39. 马三退一　士6进5

40. 马一进二　炮1退1　　41. 兵一进一　炮1平6

42. 兵七进一　马3退2　　43. 炮六平二　炮6退1

44. 兵七平六　炮6进1　　45. 兵一进一　马2进1

46. 马二退三　马1进2　　47. 兵六平七　马2进4

48. 马三退五　炮6退1　　49. 炮二退二　炮6平5

50. 兵五进一　马4进2　　51. 马五退三　马2进3

52. 帅五平四　炮5平6　　53. 兵一平二　马3退4

54. 兵二平三　炮6进3　　55. 帅四平五　卒1进1

56. 兵五进一　卒1平2　　57. 兵三平四　卒2进1

58. 兵五平四　象7退9

59. 马三进五　马4进3

60. 帅五平四　炮6退1

61. 炮二退三　马3进1

62. 前兵平三　卒2平3

63. 兵四进一　将5平4

64. 兵四进一　马1退2

65. 兵四进一　士5进6

66. 兵三平四　象9进7

67. 后兵进一　马2退4

68. 马五退六　卒3平4

69. 炮二进六　炮6平5

70. 兵七进一（图2）

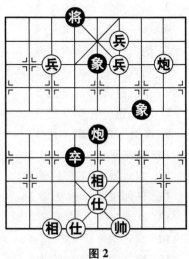

图2

· 100 ·

第82局　柳大华胜刘殿中

1. 相三进五	炮8平4	2. 兵七进一	马8进7
3. 马二进一	马2进1	4. 马八进七	车1进1
5. 车九进一	车1平8	6. 车一平二	车8进3

7. 炮二平三　车9平8

8. 车二进五　车8进4（图1）

9. 车九平四　象7进5

10. 马七进六　车8平4

11. 马六进四　卒7进1

12. 马四进三　炮4平7

13. 车四进三　卒1进1

14. 兵一进一　马1进2

15. 仕四进五　士6进5

16. 马一进二　炮2进5

17. 炮三平八　炮7进4

18. 车四退一? 卒7进1!

19. 马二退一　车4进2

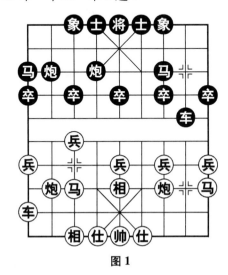

图1

20. 炮八进二	炮7平5	21. 炮八平三	马2进1
22. 炮三退一	马1退3?	23. 车四进一!	炮5退2
24. 车四平七	车4平6	25. 车七平二	象5退7
26. 炮三退三	象3进5	27. 炮三平四	车6平9
28. 马一退三	车9平7	29. 马三进一	车7进1
30. 马一退二	车7退3	31. 马二进四	卒9进1
32. 马四进五	卒9进1	33. 车二平一	车7进2
34. 马五进四	车7退3	35. 车一平五	车7进1
36. 仕五进四	卒1进1	37. 仕六进五	卒1进1
38. 车五退一	炮5平2	39. 车五进三	炮2进5
40. 仕五退六	炮2退3	41. 车五退三	士5进4
42. 马四退六	卒3进1	43. 马六进八	炮2退1
44. 马八进九	车7退3	45. 车五平四	炮2平9
46. 马九进七	将5进1	47. 车四平一	炮9平8
48. 车一平二	炮8平9	49. 炮四平一	炮9平5

50. 相五进三　炮5平6
51. 炮一进一　卒3进1
52. 炮一平五　炮6平5
53. 炮五平八　卒3平2
54. 车二平九　车7进4
55. 炮八平九　卒2进1
56. 车九平八　炮5平1
57. 炮九平八　将5平4
58. 车八进六　炮1平2
59. 马七退九　将4平5
60. 车八退一　将5退1
61. 马九进七　将5进1
62. 马七退五　将5退1
63. 相七进五　车7进3
64. 马五进三　将5平6
65. 车八退四　车7退7
66. 相五进三　象7进5
67. 车八平五　士4进5
68. 车五进三　车7进4
69. 炮八平四　将6平5
70. 车五平六　车7进4
71. 帅五进一　（图2）

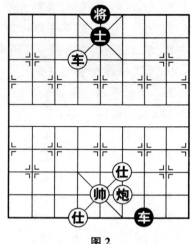

图 2

第 83 局　吕钦胜蒋川

1. 相三进五　炮8平4
2. 兵七进一　马8进7
3. 马八进七　车9平8
4. 马七进六　马2进1
5. 马六进七　车8进4
6. 马二进四　车1进1
7. 车一平二　车1平6
8. 车九进一　炮2平3　（图1）
9. 马七退八　象3进5
10. 兵三进一　车6进5
11. 炮八平七　炮3进5
12. 马八退七　车6进1
13. 炮二进一　炮4平3
14. 马七进八　车8平2

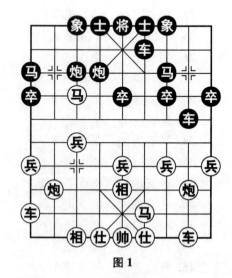

图 1

15. 马八退九　马1进3

16. 马四进六　车6退1　　17. 炮二退二　马3进4

18. 兵五进一　卒5进1　　19. 炮二进三　车6平4

20. 仕六进五　马7进5?　　21. 车二进一　卒5进1

22. 炮二平五　车4平5　　23. 兵三进一　卒7进1

24. 车二进三　车5平1　　25. 兵七进一　车2平3

26. 车九平八　士4进5　　27. 车八进五　炮3退2

28. 兵一进一　卒1进1　　29. 相五进七　车1平7

30. 车二进二　卒7进1　　31. 马六进八　车3退2

32. 马八进六　马5进4　　33. 车二平六　卒7平6

34. 车六退二　卒6平5　　35. 车六平五　炮3进5

36. 马九进八　车7平2　　37. 车八进三　象5退3

38. 相七进五　炮3进3　　39. 马八进六　车2退6

40. 马六进七　车2进9　　41. 仕五退六　车2退7?

42. 马七退六　炮3平1　　43. 车五平八　车2平4

44. 马六进八　车4进1　　45. 仕六进五　车4平3

46. 马八退七　车3进1　　47. 车八进二　象7进5

48. 车八平一　卒1进1　　49. 车一平八!　炮1平3

50. 兵一进一　士5进4　　51. 兵一进一　士6进5

52. 兵一平二　车3平8　　53. 兵二平三　车8进3

54. 车八退五　炮3退2　　55. 车八进二　炮3平8

56. 马七进八　炮8退2　　57. 车八平一　车8平5

58. 车一进六　士5退6　　59. 马八进七　将5平4

60. 车一平四　将4进1

61. 帅五平六　车5平3

62. 车四退一　将4退1

63. 仕五进四　卒1平2

64. 兵三进一　卒2平3

65. 车四平二　炮8平7

66. 兵三平四　车3平6

67. 兵四进一　卒3平4

68. 马七退八　卒4平5

69. 仕四进五　车6平3

70. 马八进六!　车3进2

71. 帅六进一（图2）

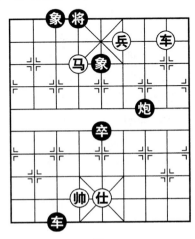

图2

第84局　聂铁文负王天一

1. 相三进五　炮8平4
2. 兵七进一　马8进7
3. 炮二平四　马2进1
4. 马八进七　炮2平3
5. 马七进八　车9平8
6. 马二进三　卒7进1
7. 兵九进一　炮4进3
8. 马八进九　炮3平4（图1）
9. 车九进三　车1平2
10. 仕四进五　士6进5
11. 炮八平六　后炮平6
12. 兵九进一　象3进5
13. 兵五进一　炮4退4
14. 车一平二　车8进9
15. 马三退二　炮4平1
16. 车九平六　车2进5
17. 车六进二　车2进1
18. 炮四退二　马7进8
19. 马二进四　炮6平8

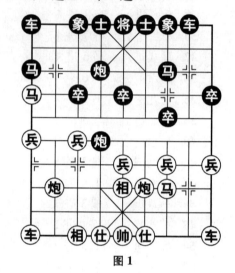

图1

20. 兵三进一　马8进7
21. 马四进三　车2平7
22. 车六进三　炮1退1
23. 炮四进八　卒7进1
24. 车六退三　炮8进7
25. 车六平二　炮8平9
26. 马九进七　炮1平3
27. 炮四平一　卒7平6
28. 帅五平四　士5退6
29. 车二进三　车7平6
30. 帅四平五　车6平7
31. 帅五平四　车7平6
32. 帅四平五　车6平7
33. 帅五平四　车7平6
34. 帅四平五　车6平7
35. 帅五平四　车7平6
36. 帅四平五　车6平7
37. 帅五平四　卒6进1
38. 炮一进一　卒6平5
39. 车二平六　炮3进1
40. 炮六平九　车7平6
41. 仕五进四　马1退2
42. 车六平七　马2进3
43. 兵七退一　车6退4
44. 兵九平八　士4进5
45. 车七退一　炮9平4
46. 帅四平五　炮4退1
47. 帅五进一　炮4退2
48. 车七平六　炮4平1
49. 车六平九　炮1平4

50. 车九平六	炮4平1	**51.** 车六平九	炮1平4
52. 车九平六	炮4平1	**53.** 车六平九	炮1平4
54. 车九退三	车6平9	**55.** 炮一平二	车9平8
56. 炮二平一	车8退2	**57.** 炮一退一	车8进8
58. 帅五退一	车8平4	**59.** 相五进三	前卒平6
60. 车九进六	士5退4	**61.** 炮九退一？	炮4平2！
62. 车九退六	炮2进3	**63.** 相七进九	卒6进1
64. 车九平四	卒6平5		
65. 车四平五	前卒平6		
66. 车五平四	卒6平5		
67. 车四平五	前卒平6		
68. 炮一平九	车4退1		
69. 前炮进一	士4进5		
70. 车五退二？	车4平1！		
71. 前炮退四	车1平2		
72. 后炮平八	炮2平1		
73. 炮九退四	车2平1		
74. 兵七进一	车1进1		
75. 炮八进二	车1退1		
76. 车五平八	车1平3（图2）		

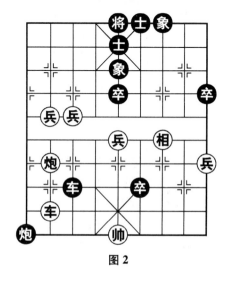

图 2

第85局 崔岩胜冯光明

1. 相三进五	炮8平4	**2.** 兵七进一	马8进7
3. 马八进七	车9平8	**4.** 马七进六	马2进1
5. 马六进七	象7进5	**6.** 车一进一	士6进5
7. 车一平六	卒7进1	**8.** 马二进四	炮4平3（图1）
9. 马七退八	炮2进5	**10.** 炮二平八	车8进8
11. 炮八退一	马7进6	**12.** 车六进八	士5退4
13. 炮八平二	车1平2	**14.** 车九平八	车2进1？
15. 炮二平一	马6退7	**16.** 车八进一	车2进3？
17. 兵七进一！	象5进3	**18.** 马八进六	车2进4
19. 炮一平八	炮3退1	**20.** 炮八平九	炮3平9
21. 炮九进五	炮9进5	**22.** 兵九进一	卒5进1

23. 兵九进一　马1进3

24. 兵九平八　象3进1

25. 炮九平八　象3退5

26. 炮八进三　象5退3

27. 马六进八　马7进5

28. 马八进七　将5平6

29. 炮八退三　马3进4

30. 马七退六　马5退7

31. 马六进四　将6进1

32. 前马退五　马4退2

33. 兵三进一　卒7进1

34. 马五退三　炮9平8

35. 马四进六　马2进4

36. 马六进七　马4进6

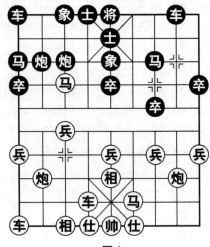

图 1

37. 仕六进五　马7进6

38. 仕五进四　象3进5

39. 炮八退五　象1进3

40. 炮八平四　后马进7

41. 炮四平九　马6退7

42. 仕四进五　炮8退3

43. 马七进五　炮8平1

44. 炮九进二　前马退9

45. 马五进六　士4进5

46. 马六退八　炮1进1

47. 马八进七　马9退8

48. 马七退六　马8进7

49. 相五进三　卒9进1

50. 仕五进六　将6退1

51. 炮九退二　士5进4

52. 炮九平四　将6平5

53. 炮四平五　炮1退3

54. 相七进五　炮1平4

55. 马六退七　炮4平5

56. 马七退八　卒9进1

57. 马八进九　卒9平8

58. 马九进八　卒8平7

59. 马八进六　将5平6

60. 相五进三　马7退8

61. 相三退五　马8进9

62. 兵五进一　马9进8

63. 兵五进一　马8进7

64. 炮五平四　炮5平6

65. 兵五平四　炮6进1

66. 马六退八　炮6退1

67. 马八进七　马7退9

68. 兵四进一　马9退7

69. 炮四平六　炮6进6

70. 仕六退五　炮6退1

71. 马七退六　炮6平5

72. 兵四进一　炮5退3

73. 兵四平五　将6进1

74. 炮六平九　马7进5

75. 炮九进七　将6退1

76. 兵五进一　马5退4

77. 仕五进四　马4进5

78. 仕四退五　马5退6　　　**79.** 帅五平六　马6退7

80. 仕五进四　马7退5　　　**81.** 炮九退七　炮5平6

82. 马六进四　炮6进1　　　**83.** 炮九进八　象3退1

84. 炮九平六！（图2）

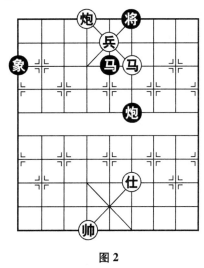

图 2

第 86 局　汤卓光负谢岿

1. 相三进五　炮8平4　　　**2.** 兵七进一　马8进7

3. 马二进一　马2进1

4. 马八进七　车1进1

5. 车九进一　车1平8

6. 车一平二　车8进3

7. 车九平四　象7进5

8. 车四进三　士6进5（图1）

9. 兵一进一　车9平6

10. 车四进五　士5退6

11. 炮二平三　车8平4

12. 车二进四　卒1进1

13. 车二平四　炮2进4

14. 马一进二　卒7进1

15. 兵三进一　卒7进1

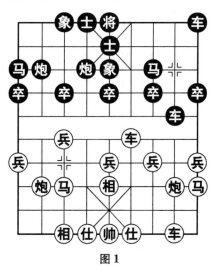

图 1

16. 车四平三	马7进8	17. 炮三平一	炮4进1
18. 马七进八	马1进2	19. 仕四进五	车4平6
20. 兵五进一	炮4进2	21. 车三退一	车6进1
22. 车三平八	车6平8	23. 炮一进四?	车8进4
24. 仕五退四	炮4平9!	25. 炮一平三	马8进6
26. 炮三退二	炮9进4	27. 炮三退四	车8退3
28. 车八平二	马6进8	29. 仕六进五	马2进4
30. 炮八退一	马8退7	31. 炮八平九	马7进5
32. 炮九进四	马5退7	33. 炮九平六	马7进8
34. 炮三平二?	士6进5	35. 兵九进一	炮9退4!
36. 相五进三	马8退6	37. 炮六平二	马6进4
38. 马八退九	后马进6	39. 前炮平四	炮9平3
40. 相七进五	炮3平5	41. 炮二进一	卒3进1
42. 帅五平六	卒3进1	43. 兵九进一	卒5进1
44. 炮二进五	炮5平4	45. 帅六平五	卒5进1
46. 炮二平四	马6进7	47. 后炮退四	卒5进1
48. 前炮平一	炮4退1	49. 炮一退三	炮4平8
50. 仕五进六	马4退5	51. 仕四进五	卒3平4
52. 马九进八	卒5平6	53. 炮一进一	卒4进1
54. 帅五平六	卒4平5	55. 相五退七	炮8平1
56. 炮一进二	马5进7	57. 马八进六	象5进3
58. 马六退四	炮1进1	59. 炮一平五	象3进5
60. 马四进三	后马进8	61. 马三进二	炮1平4
62. 帅六平五	炮4退3	63. 帅五平四	马8进6
64. 帅四进一	马7退8	65. 帅四退一	马8退7
66. 炮五退一	炮4平3	67. 相七进九	炮3进1
68. 马二退三	炮3平5	69. 马三进一	士5进6
70. 马一进三	将5进1	71. 马三退二	将5平4
72. 马二退四	马7进8	73. 炮五平六	炮5平1
74. 炮六进一	马8进7	75. 炮六平八	炮5平1
76. 炮八平四	士4进5	77. 相九退七	将4退1
78. 相七进九	炮5平7	79. 马四退二	卒6平7
80. 炮四平八	炮9退5	81. 炮八平四	炮9进9
82. 炮四平一	卒7平8	83. 相九进七	象5进7

84. 相七退九　炮9平8

85. 马二进四　卒5平6

86. 炮一平八　炮8平9

87. 马四退六　马7退9

88. 帅四平五　马9进8

89. 仕五退四　卒6进1

90. 马六进七　马8退7

91. 帅五进一　卒6平5（图2）

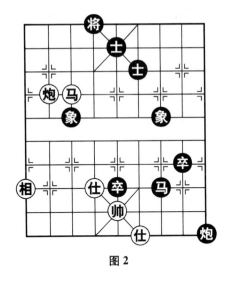

图2

第87局　申鹏和孟辰

1. 相三进五　炮8平4

2. 兵七进一　马8进7

3. 炮二平四　车9平8

4. 马二进三　卒7进1

5. 马八进七　马2进1

6. 兵九进一　车1进1

7. 兵九进一　卒1进1

8. 车九进五　象7进5（图1）

9. 车九平六　炮4平3

10. 马七进八　炮2进2

11. 炮八进三　车1平2!

12. 炮八平三　车2进4

13. 炮三退一　车2退1

14. 车六平八　马1进2

15. 车一平二　车8进9

16. 马三退二　炮3退1

17. 炮三进二　马2进4

18. 兵三进一　卒5进1

19. 马二进三　卒3进1?

20. 兵七进一　象5进3

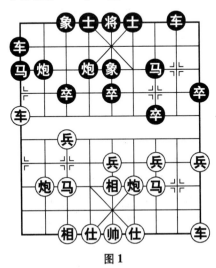

图1

21. 兵三进一!　象3退5

22. 兵三平二　炮3平1

23. 仕四进五　士6进5

24. 兵一进一	炮1进3	25. 兵二进一	马4退6
26. 兵二进一	马7进5	27. 马三进四	卒5进1
28. 兵五进一	马5进6	29. 炮四进三	马6退8
30. 炮四进三	马8进7	31. 兵五进一	炮1退2
32. 兵二进一	马7退9	33. 炮三平五	马9退7
34. 兵五平四	马7退9	35. 兵二平三	炮1进1
36. 兵四进一	马6进8	37. 兵三进一	炮1平6
38. 炮五平二	士5退6	39. 兵三平二	卒9进1
40. 炮二退一	士4进5	41. 炮二平五	将5平4
42. 炮四平一	炮6平2	43. 炮一退二	卒9进1
44. 炮一平六	卒9平8	45. 炮五退二	士5进6
46. 帅五平四	士6进5	47. 炮六平一	士5退6
48. 炮一平四	士6进5	49. 炮四平一	士5退6
50. 炮一进三	炮2平6	51. 帅四平五	象3进1
52. 仕五进六	象1进3	53. 炮五进三	炮6进3
54. 炮一退八	炮6平4	55. 炮一平四	士6进5
56. 炮五平一	将4进1	57. 炮一进二	将4退1
58. 炮一进一	将4进1	59. 炮一退三	将4退1
60. 炮四进二	士5进4	61. 相七进九	士4退5
62. 相九进七	士5进4	63. 炮一平九	炮4平2
64. 炮四平六	士4退5	65. 炮九平八	炮2平1
66. 炮八平六	将4平5	67. 后炮平八	炮1退6
68. 炮八进六	将5平4	69. 炮六平九	将4进1
70. 炮八退八	将4退1	71. 炮八进八	将4进1
72. 炮八退八	将4退1	73. 炮八进八	卒8进1
74. 炮九平七	将4进1	75. 炮八退八	将4退1
76. 炮八进八	将4进1	77. 炮八退八	将4退1
78. 炮八进八	炮1进2	79. 炮八平九	卒8平7
80. 仕六进五	卒7平8	81. 炮七平一	卒8平7
82. 兵二平三	卒7平8	83. 兵三平四	炮1进1
84. 炮一平八	将4进1	85. 兵四平五	士5进4
86. 炮八平六	将4平5	87. 兵五平六	炮1退2
88. 仕五进四	卒8平7	89. 仕六退五	卒7平6
90. 炮六退五	将5平6	91. 仕五进六	士4退5

92. 兵六平五　卒 6 平 7

93. 炮六平四　士 5 进 4

94. 炮九平六?　炮 1 进 2

95. 仕四退五　将 6 平 5

96. 兵五平四　炮 1 平 2

97. 炮六平九　炮 2 平 1

98. 炮九退一　将 5 平 4

99. 炮九平七　士 6 退 5

100. 兵四平五　炮 1 平 5

101. 炮七退二　士 5 进 6

102. 炮七平六　将 4 平 5

103. 兵五平六　象 3 退 1

104. 炮四进四（图 2）

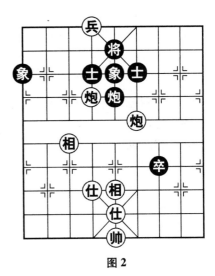

图 2

第 88 局　陈富杰胜程进超

1. 相三进五　炮 8 平 4

2. 兵七进一　马 8 进 7

3. 马八进七　马 2 进 1

4. 车九进一　车 9 平 8

5. 马二进四　象 3 进 5

6. 车一平二　车 8 进 4

7. 车九平六　士 6 进 5

8. 炮二平三　车 8 平 5（图 1）

9. 车二进四　炮 2 平 3

10. 马七进八　车 5 平 6

11. 马四进二　车 6 进 2

12. 车六进二　车 6 平 7

13. 马八进九　炮 3 退 1?

14. 车六平八!　卒 3 进 1

15. 炮三退二　卒 7 进 1?

16. 兵七进一!　炮 4 进 6

17. 车二平六　炮 4 平 1

18. 马九进七　车 7 进 2

19. 仕四进五　炮 3 进 3

20. 马七退六　卒 5 进 1

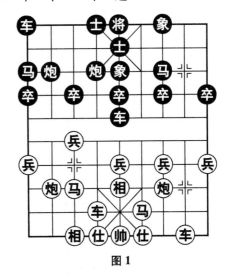

图 1

21. 车八进四　马 7 退 6

22. 兵九进一　车 1 平 3

23. 兵九进一　炮 3 进 3

24. 兵九平八	炮3平8	25. 炮八平二	车3进8
26. 车八平九	炮1平5	27. 车六平四	车3平4
28. 炮三平四	马6进7	29. 车九退四	车4退4
30. 仕六进五	车7平8	31. 炮二平一	车4进4
32. 炮四进一	车8进1	33. 炮四退一	车8退1
34. 炮四进一	车8进1	35. 炮四退一	车8退2
36. 炮四进一	车8进2	37. 炮四退一	车8退2
38. 炮四进一	车4退5	39. 车四退二	车8进8
40. 炮四退一	马7进8	41. 车九进一	马8进7
42. 炮一平三	车4进3	43. 车九进二	车4平5
44. 车九平三	车8退7	45. 车四进六	象7进9
46. 车三平一	车5平2	47. 兵八进一	马7退5
48. 车一平五	马5退3	49. 车五退一	车2平7
50. 炮三平一	马3进4	51. 车五平六	车8进6
52. 仕五进六	车8平4	53. 车六退一	车7进1
54. 相五退三	车7平4	55. 车六平二	象9退7
56. 车二进五	前车平5	57. 帅五进一	车4平6
58. 帅五平六	车6退6	59. 车二平三	士5退6
60. 炮四平五	士4进5	61. 车三退三	车6进7
62. 帅六退一	车6平5	63. 相七进五	马4进6
64. 炮一退二	马6退5	65. 车三平七	士5进4
66. 车七退二	马5进7	67. 车七平六	车5平2
68. 炮五进七	车2退5	69. 帅六平五	车2平5
70. 车六进三	马7进6	71. 帅五平四	车5平6
72. 帅四平五	车6平5	73. 帅五平四	车5平6
74. 帅四平五	车6进4	75. 帅五进一	马6退8
76. 炮一平二	车6退5	77. 帅五平六	车6进6
78. 帅六退一	车6退2	79. 帅六进一	卒7进1
80. 炮五退一	将5进1	81. 车六进一	将5进1
82. 车六退一	将5退1	83. 车六进一	将5进1
84. 炮五平一	卒7进1	85. 车六退一	将5退1
86. 车六进一	将5进1	87. 车六退一	将5退1
88. 车六进一	将5进1	89. 炮一进一	卒7进1
90. 兵一进一	车6退2	91. 车六退一	将5退1

92. 车六进一　将5进1

93. 车六退一　将5退1

94. 车六进一　将5进1

95. 车六退一　将5退1

96. 车六退一　卒7进1

97. 炮一平八　车6平2

98. 炮八平三　卒7平6

99. 炮三退五　马8进7

100. 相五进七　马7退6

101. 帅六退一　卒6平5

102. 车六平五　将5平6

103. 炮二平四　马6退4

104. 车五退三　车2进2

105. 炮三平六　车2进2

106. 炮六平四　卒5平6

107. 车五平六　卒6进1

108. 车六平四　将6平5

109. 车四平五　将5平6

110. 车五平四　将6平5

111. 车四平五　将5平6

112. 兵一进一　车2平3

113. 车五平四　将6平5

114. 车四平五　将5平6

115. 车五平四　将6平5

116. 车四平五　将5平6

117. 车五进一　车3平6

118. 车五退二　车6平3

119. 车五进二　车3平6

120. 车五退二　车6平3

121. 车五进二　车3平6

122. 车五退二　车6平2

123. 车五进三　车2平6

124. 车五退三　车6平3

125. 车五进二　车3平6

126. 炮四平六　车6退1

127. 帅六进一　车6进1

128. 帅六退一　车6退1

129. 帅六进一　车6进1

130. 帅六退一　车6退1

131. 帅六进一　车6进1

132. 帅六退一　车6退5

133. 兵一平二　士6进5

134. 兵二平三　士5进6

135. 车五进一　车6进4

136. 炮六平五　车6退2

137. 车五平六　将6退1

138. 兵三进一　车6平3

139. 兵三进一　车3平6

140. 帅六进一　士6退5

141. 兵三进一　车6进3

142. 帅六退一　车6退6

143. 帅六进一　车6进6

144. 帅六进一　车6退6

145. 炮五进一　车6平4

146. 车六进二　士5进4

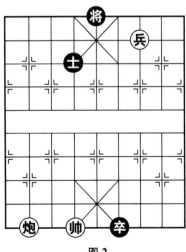

图 2

147. 帅六退一　卒6平5　　148. 帅六平五　卒5平6

149. 炮五平九　士4退5　　150. 炮九进五　士5进4

151. 炮九平八　卒6平7　　152. 帅五退一　卒7平6

153. 帅五平六　将6平5　　154. 炮八退八（图2）

第三章　红进三兵变例

第89局　庄玉庭胜秦劲松

1. 相三进五　炮8平4
2. 兵三进一　马8进7
3. 炮二平四　车9平8
4. 马二进三　马2进3
5. 马八进七　卒3进1
6. 炮八进四　马3进2
7. 车九进一　象7进5
8. 车一进一　士6进5（图1）
9. 马三进四　卒1进1
10. 车一平二　车8进8
11. 车九平二　车1进3
12. 炮八平三　卒5进1
13. 炮三平二　炮4进3?
14. 兵三进一!　象5进7
15. 炮四平三　马7进6?
16. 炮二退一!　炮2平6
17. 炮二平四　炮6进3
18. 兵七进一　炮4退3
19. 兵七进一　马2进3
20. 炮四进三　炮6进2
21. 炮四退五（图2）

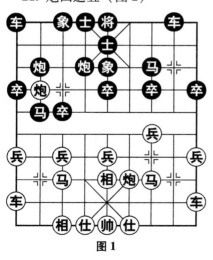

图1

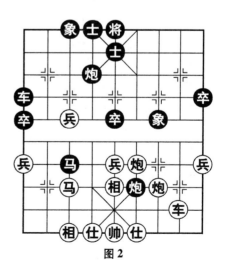

图2

第90局 赵冠芳胜陈幸琳

1. 相三进五　炮8平4
2. 兵三进一　马8进7
3. 炮二平四　车9平8
4. 马二进三　马2进3
5. 马八进七　卒3进1
6. 炮八进四　马3进4
7. 炮八平三　象7进5
8. 车九平八　炮2平3（图1）
9. 车八进六　士6进5
10. 车八平六　车8进4
11. 车一平二　车8平6
12. 仕四进五　车1平2
13. 炮三平二　炮3进4
14. 炮二进三　炮3平4
15. 车六平九　马7退8?
16. 车二进九　士5退6
17. 车九平五　后炮退1?
18. 兵三进一!　车6平7
19. 马三进四　士4进5
20. 炮四进七!　士5退6
21. 马四进六　后炮平7
22. 车五平四　炮7退1
23. 车四进二　炮4平9
24. 帅五平四　士6进5
25. 马六进七　车2进1
26. 前马进五　车2进1
27. 车二退一（图2）

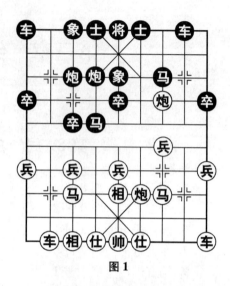

图1

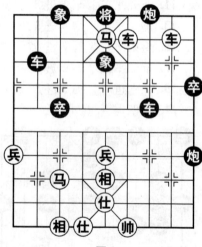

图2

第91局　程吉俊负陈翀

1. 相三进五　炮8平4
2. 兵三进一　马8进7
3. 炮二平四　车9平8
4. 马二进三　卒3进1
5. 马八进七　马2进3
6. 炮八进四　马3进4
7. 炮八平三　车1平2
8. 车九平八　炮2进4（图1）
9. 兵七进一　卒3进1
10. 相五进七　象7进5
11. 车一进一　车8进3
12. 炮三平九　车8进3
13. 车一平八?　炮4进7!
14. 马七退六　车8平5
15. 炮四平五　车5平7
16. 马三退二?　车2进3!
17. 马二进四　车7平4
18. 炮九平五　马7进5
19. 前车平五　士6进5
20. 炮五进三　车2平3
21. 车五进三　炮2平9
22. 车八进二　炮9退1
23. 兵三进一　马5进7
24. 车五平三　车3平5
25. 炮五退四　车4进2
26. 车八平一　卒9进1
27. 马四进三　车5平4（图2）

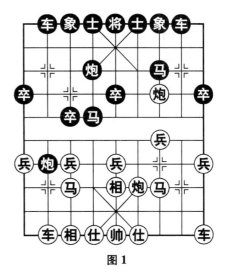

图1

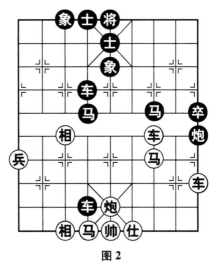

图2

第 92 局　黎德志和陆伟韬

1. 相三进五　炮8平4
2. 兵三进一　马8进7
3. 炮二平四　车9平8
4. 马二进三　马2进3
5. 兵七进一　车8进4
6. 车一平二　车8平6（图1）
7. 仕四进五　卒3进1
8. 兵七进一　车6平3
9. 马八进七　象3进5
10. 炮八退一　马3进4
11. 炮八平七　车3平2
12. 车二进三　车1平2
13. 车九进一　士4进5
14. 炮七平六　炮4进6
15. 车九平六　炮2平4
16. 车六平七　后车平3
17. 相七进九　车2进2
18. 炮四进一　车2进1
19. 相九进七　炮4平3
20. 炮四退一　车3平4
21. 车七平六！炮3进5
22. 炮四平七　车2平3
23. 车二进四！车3退1
24. 车六进三　卒7进1！
25. 兵三进一　象5进7
26. 车二平三　象7退5
27. 车三退一　马4退3！（图2）

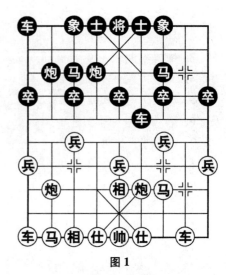

图 1

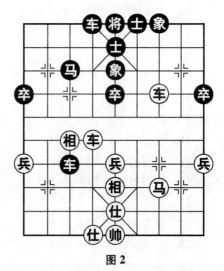

图 2

第93局　苗永鹏和靳玉砚

1. 相三进五　炮8平4
2. 兵三进一　马8进7
3. 炮二平四　车9平8
4. 马二进三　马2进3
5. 马八进七　卒3进1
6. 炮八进四　象3进5
7. 炮八平三　车1平2
8. 车九平八　炮2进4
9. 仕六进五　马3进4
10. 兵七进一　卒3进1（图1）
11. 相五进七　卒1进1
12. 相七进五　车8进3
13. 兵三进一　马7退5！
14. 车一平二　车8进6
15. 马三退二　象5进7
16. 炮四进一　炮2进1
17. 马二进三　马5进3
18. 炮三进一　炮4退1
19. 炮四进二　炮4平3
20. 炮三进一　象7退5
21. 炮四退三　炮3平1
22. 炮四进一　车2进4
23. 炮三退一　炮1平2
24. 仕五退六？　士4进5？
25. 炮三平七！马4退3
26. 马三进四　前炮退1
27. 炮四平八　炮2进5
28. 兵一进一（图2）

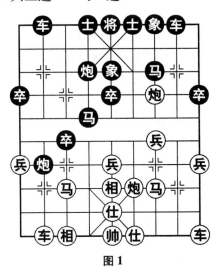

图1

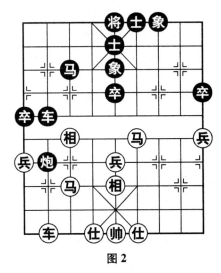

图2

第94局 庄玉庭胜李进

1. 相三进五　炮8平4

2. 马二进三　车9平8

3. 马三进四　车8进4

4. 炮二平四　象3进5

5. 马八进七　马2进3

6. 车九进一　士4进5

7. 车一进一　炮2平1

8. 车九平八　卒3进1

9. 炮八平九　卒7进1（图1）

10. 车一平三　卒7进1

11. 车三进三　马3进4

12. 马四进六　车8平4

13. 车八进六　马7进6

14. 兵七进一　炮1退1？

15. 车八平九！卒3进1

16. 车三平七　象5进3

17. 车九平七　象3退5

18. 前车进一　车4退1

19. 仕四进五　炮4平1？

20. 后车平四！马6退7

21. 马七进六　车4平2

22. 车四平三　车2进2

23. 相五进七　前炮平4

24. 炮四平三　马7进8

25. 炮九平五　马8进9

26. 炮五进四　将5平4

27. 马六进七（图2）

2. 兵三进一　马8进7

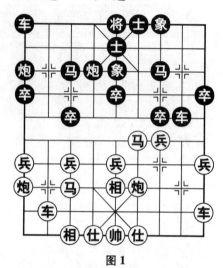

图 1

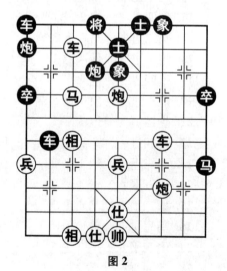

图 2

第95局 于幼华胜赵国荣

1. 相三进五　炮8平4

2. 兵三进一　马8进7

3. 炮二平四　车9平8

4. 马二进三　马2进3

5. 马八进七　卒3进1

6. 炮八进四　马3进4

7. 炮八平三　车1平2

8. 车一平二　象7进5（图1）

9. 车二进九　马7退8

10. 车九平八　炮2进6

11. 兵七进一　卒3进1

12. 相五进七　卒1进1

13. 相七进五　士6进5

14. 仕六进五　马8进7

15. 炮四退一　炮2退1

16. 炮四平三　卒5进1？

17. 兵三进一！车2进3？

18. 兵三平四　炮4平3

19. 兵四进一！车2进3

20. 马七进六　卒5进1

21. 兵五进一　马4退6

22. 兵五进一　马6进5

23. 马三进四　车2平4

24. 车八进二　车4退1

25. 马四进二　车4退2

26. 后炮进六　炮3平7

27. 炮三平五　炮7进5

28. 相五退三　炮7退7

29. 车八平三（图2）

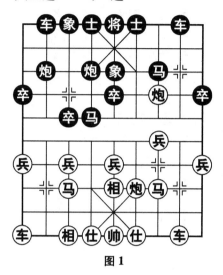

图1

图2

第96局 陈富杰胜郝继超

1. 相三进五　炮8平4

2. 兵三进一　马8进7

3. 炮二平四　车9平8

4. 马二进三　马2进3

5. 马八进七　车8进4

6. 车一平二　车8平6

7. 仕四进五　卒3进1

8. 炮八进二　象3进5（图1）

9. 炮八平四　车6平5

10. 车九平八　卒7进1

11. 车二进四　炮2进2

12. 车八进四　车1进1

13. 兵五进一　车5平4

14. 马七进五　炮2退4

15. 后炮退二　炮2平3

16. 后炮平三　卒7进1？

17. 马五进三　车4进2？

18. 前马进二！车1平6

19. 炮四退二　马7退9

20. 马三进四　车6进4

21. 车二平四　马9进8

22. 车八进二！车4平9

23. 车八平六　士4进5

24. 兵五进一　卒3进1

25. 兵五进一　车9平8

26. 兵七进一　马3进2

27. 兵七进一　马2进3

28. 车六平七　马8退9

29. 车四进四（图2）

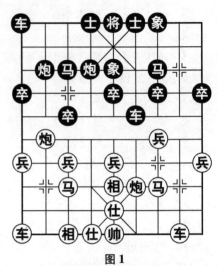

图1

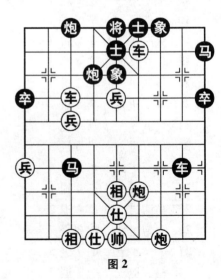

图2

第 97 局 潘振波胜卜凤波

1. 相三进五 炮8平4
2. 兵三进一 马8进7
3. 炮二平四 车9平8
4. 马二进三 马2进3
5. 马八进七 卒3进1
6. 炮八进四 马3进4
7. 炮八平三 炮2进4
8. 车一平二 象7进5（图1）
9. 车二进九 马7退8
10. 车九平八 车1平2
11. 兵七进一 卒3进1
12. 相五进七 卒1进1
13. 车八进二 车2进1?
14. 相七进五 炮2退2
15. 炮四进三 马4退3?
16. 马七进六! 车2平7
17. 马六进五! 车7进2
18. 马五进七 炮2平3
19. 马七进九 炮4平1
20. 炮四平五 士6进5
21. 马九进七 车7平5
22. 兵五进一 象5退3
23. 马三进四 车5退3
24. 马四进三 车5进1
25. 车八进四 马8进7
26. 车八平五 马7进5
27. 马三退四 炮1平5
28. 马四进五 炮5进2
29. 马五退七 炮5退2
30. 马七进八（图2）

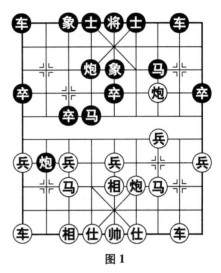

图 1

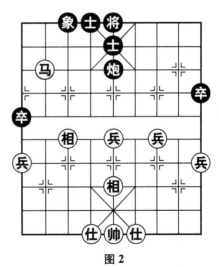

图 2

第98局 王天一胜陆伟韬

1. 相三进五　炮8平4

2. 兵三进一　马8进7

3. 炮二平四　车9平8

4. 马二进三　马2进3

5. 马八进七　卒3进1

6. 炮八进四　马3进4

7. 炮八平三　车1平2

8. 车一平二　车8进9（图1）

9. 炮三进三　将5进1?

10. 马三退二　象3进5

11. 炮三平一　炮2进6

12. 兵九进一　马7进6

13. 马二进三　马6进4

14. 车九进一　前马进6?

15. 兵九进一!　炮4平1

16. 马七进九　炮2退2

17. 车九平二　炮1退1

18. 仕四进五　卒1进1

19. 车二进二!　车2进5

20. 车二平四　车2平7

21. 马九进八　车7进2

22. 炮一平六　将5退1

23. 炮六退三　炮1平8

24. 马八进九　炮2平5

25. 帅五平四　炮5退1

26. 马九进七　将5进1

27. 马七退八　车7退3

28. 炮六平一　卒3进1

29. 马八退六　车7平4

30. 炮四平三（图2）

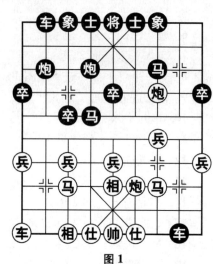

图1

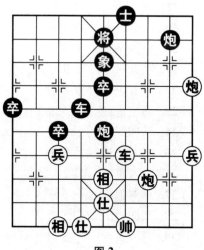

图2

第99局 宋国强胜谢业枧

1. 相三进五　炮8平4
2. 兵三进一　马8进7
3. 炮二平四　车9平8
4. 马二进三　卒3进1
5. 马八进七　马2进3
6. 炮八进四　马3进4
7. 炮八平三　车1平2
8. 车一平二　车8进9
9. 炮三进三　将5进1
10. 马三退二　象3进5（图1）
11. 炮三平一　马7进6
12. 马二进三　炮4平3?
13. 兵九进一　炮3进4?
14. 车九进一　马6进7
15. 车九平二　炮2退1
16. 车二进四　马4退3
17. 炮四进五!　象5进7
18. 炮四平二　炮2平4
19. 炮二进一　炮4进7
20. 炮一退一　将5退1
21. 车二平三　炮3进3
22. 仕六进五　炮3平1
23. 炮二进一　将5进1
24. 车三进三　将5进1
25. 车三退一　将5退1
26. 炮二退一　将5退1
27. 车三平五　士6进5
28. 炮二进一!　车2进9
29. 仕五退六　车2退2
30. 马七退八　将5平6
31. 车五平三（图2）

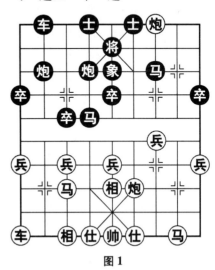

图1

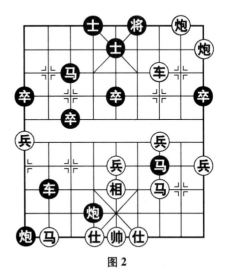

图2

第100局　庄玉庭胜姚洪新

1. 相三进五　炮8平4
2. 兵三进一　马8进7
3. 马二进三　车9平8
4. 马三进四　车8进4
5. 炮二平四　马2进1
6. 车一进一　象3进5
7. 马八进七　士4进5
8. 车九进一　炮2平3
9. 车九平八　卒1进1
10. 炮八平九　马1进2（图1）
11. 兵七进一　车1平3?
12. 车一平二　车8进4
13. 车八平二　卒3进1?
14. 兵七进一　炮3进5
15. 兵七平八　炮3平6
16. 炮九平四　车3进6
17. 马四进六　车3平2
18. 兵八平九　车2平1
19. 马六进八　车1退2
20. 马八进七　将5平4
21. 车二平八　象5退3
22. 车八进八　炮4平3
23. 炮四进六　士5进4
24. 车八退二　车1平3
25. 相七进九　马7退5
26. 炮四退七　车3平4
27. 相九进七　车4进4
28. 仕六进五　车4退2
29. 仕五进六!　象7进5
30. 炮四平九!　车4平5
31. 炮九进八　将4进1
32. 车八平七（图2）

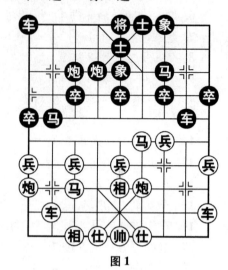

图1

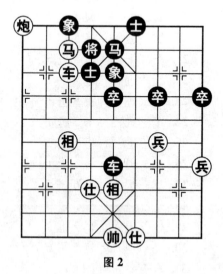

图2

第 101 局　郑惟桐胜潘嘉琪

1. 相三进五　炮 8 平 4
2. 兵三进一　马 8 进 7
3. 炮二平四　车 9 平 8
4. 马二进三　车 8 进 4
5. 车一平二　车 8 平 6
6. 仕四进五　象 3 进 5
7. 马八进七　马 2 进 3
8. 炮八进二　卒 3 进 1
9. 炮八平四　车 6 平 5
10. 车九平八　卒 3 进 1（图 1）

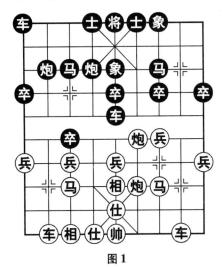

图 1

11. 兵七进一　马 3 进 2
12. 车八平九　炮 2 平 3
13. 车二进三　炮 4 退 1
14. 兵五进一　车 5 进 1
15. 兵七进一　象 5 进 3
16. 车九平八　炮 4 进 3
17. 车八进四　车 5 平 2
18. 马七进八　炮 4 平 5
19. 前炮平五　士 4 进 5
20. 马三进四　车 1 平 4
21. 车二平六　炮 3 平 2
22. 车六进六　将 5 平 4
23. 马八退六　象 3 退 5
24. 马四进三　马 2 进 1
25. 炮五进二！马 7 进 5？
26. 马六进五　炮 2 进 1
27. 马三退四　马 5 退 7
28. 炮四平一　马 1 退 2
29. 马五进七　卒 1 进 1？
30. 马四进六！象 5 进 3
31. 马七进八　将 4 平 5
32. 马六进四　象 7 进 5
33. 马四进三（图 2）

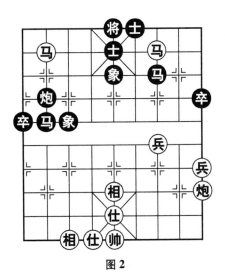

图 2

第 102 局　孙勇征负蒋川

1. 相三进五　炮 8 平 4

2. 兵三进一　马 8 进 7

3. 炮二平四　车 9 平 8

4. 马二进三　马 2 进 3

5. 马八进七　卒 3 进 1

6. 炮八进四　象 3 进 5

7. 炮八平三　车 1 进 1

8. 马三进四　车 8 进 6（图 1）

9. 炮三平四　炮 2 退 1

10. 前炮进二　炮 2 进 3

11. 车九平八　马 7 进 8

12. 兵三进一　车 8 退 1

13. 马四退三　车 8 进 1

14. 马三进四　车 8 退 1

15. 马四退三　车 8 进 1

16. 马三进四　车 8 退 1

17. 马四进五　车 1 平 6

18. 马五进七　炮 2 平 7

19. 仕四进五　车 6 进 2

20. 炮四进七？车 6 退 3

21. 车八进九　将 5 进 1！

22. 车八退一　将 5 退 1

23. 前马进六　车 6 进 3

24. 车八进一　炮 4 退 1

25. 兵五进一　车 8 平 5

26. 车一平二　马 8 退 9

27. 车二进三？将 5 进 1！

28. 马七进五　炮 7 平 5

29. 马五退三　马 9 进 7

30. 车二进二？车 6 进 5

31. 马三退二　车 6 退 8

32. 马二进三　车 6 进 8

33. 马三退二　车 6 退 2！（图 2）

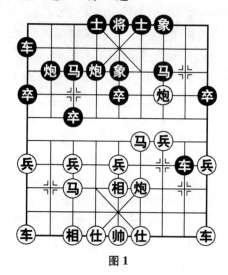

图 1

图 2

第103局 洪智胜谢岿

1. 相三进五　炮8平4
2. 兵三进一　马8进7
3. 炮二平四　车9平8
4. 马二进三　马2进3
5. 马八进七　卒3进1
6. 炮八进四　象7进5
7. 炮八平七　车1平2
8. 车九平八　炮2进2（图1）
9. 车八进四　卒7进1
10. 兵七进一　卒3进1
11. 车八平七　车8进4
12. 车一平二　车8进5
13. 马三退二　卒7进1
14. 车七平三　炮2平7
15. 马二进三　车2进4
16. 马三进四　士4进5
17. 马七进六　车2平3?
18. 炮七进三!　马3进4
19. 马四进六　车3平4
20. 炮七退二　炮4进3

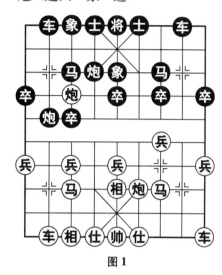

图1

21. 炮七平三　车4平6
23. 炮二进七　象5退7

22. 炮四平二　炮4退3
24. 炮二退四　炮7退1
25. 炮二进一　炮7平6
26. 炮三平二!　炮4平5
27. 车三进五　炮5进4
28. 仕四进五　将5平4
29. 车三退六　炮5退1
30. 车三平六　士5进4
31. 车六进四　将4平5
32. 后炮平五　车6平5
33. 炮二进二　将5进1
34. 炮五退二　车5进1
35. 车六退一（图2）

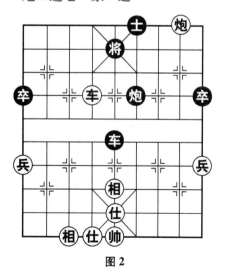

图2

第 104 局　李家华负庄玉庭

1. 相三进五　炮8平4
2. 兵三进一　马8进7
3. 马二进三　车9平8
4. 车一平二　车8进4
5. 炮二平一　车8平4
6. 马八进七　卒3进1
7. 炮八平九　马2进3
8. 车九平八　车1平2（图1）
9. 车八进六　炮2平1
10. 车八平七　车2进2
11. 兵七进一　象3进5
12. 兵七进一　车4平3
13. 车七退一　象5进3
14. 马三进四　象3退5
15. 炮九进四　车2进2
16. 炮九平三　车2平6
17. 马四退三　炮1退1
18. 车二进七　马7退5
19. 车二退六　炮1平3
20. 马三进二　车6平8

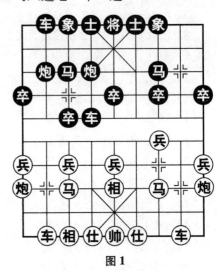

图1

21. 马七进六　马3进4
22. 车二平六　炮4进4

22. 马六退四　马4进6
24. 兵五进一　炮4平5
25. 仕六进五　马5进3
26. 车六进二　炮5平9
27. 车六进五　炮3退1
28. 炮三进一　马3进4
29. 车六平四？　士4进5
30. 马二退三？　炮9平1
31. 马三进四　炮3进1!
32. 兵三进一　车8平7
33. 前马进五　车7进3!
34. 车四退三　炮1进3
35. 仕五退六　车7平5
36. 仕四进五　马4退3（图2）

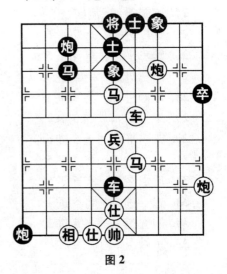

图2

第105局 阎玉锁负冯明光

1. 相三进五　炮8平4
2. 兵三进一　马8进7
3. 马二进三　车9平8
4. 马三进四　车8进4
5. 炮二平四　马2进3
6. 马八进九　卒3进1（图1）
7. 车九进一　炮2进2
8. 兵七进一　象3进5
9. 车九平七　卒1进1
10. 车一平三　卒3进1
11. 炮八平六　炮2退4
12. 车七进三　车1进2
13. 车三进一　炮2平3
14. 车七平八　车1平2
15. 车八进三　炮4平2
16. 炮六进四？　车8平5！

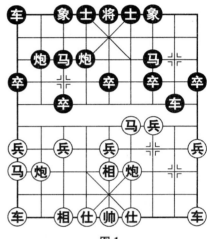

图1

17. 炮六平三？　车5进2
18. 车三平八　炮2进4！
19. 马四退三　车5平6
20. 仕六进五　卒5进1
21. 炮三平六　卒5进1
22. 马九退七　炮2平5
23. 炮六退四　马7进5
24. 帅五平六　士4进5
25. 兵一进一　卒5平4
26. 相五退三　车6平7
27. 炮四平五　炮5平3
28. 马三退一　卒4进1
29. 炮六退一　马5进3
30. 炮五平七　后马进5
31. 炮七进三　马5进3
32. 相三进五　车7平5
33. 车八进一　前炮进3
34. 车八进七　车5进1
35. 炮六进一　车5平9
36. 马七进六　马3进4
37. 马一退三　车9平5
38. 车八退六　马4退3（图2）

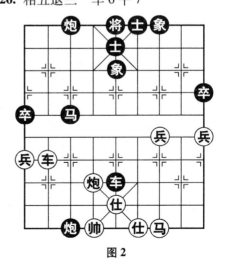

图2

第106局 庄玉庭胜陶汉明

1. 相三进五　炮8平4
2. 兵三进一　马8进7
3. 马二进三　车9平8
4. 车一平二　车8进4
5. 炮二平一　车8平4
6. 马八进七　马2进3
7. 兵七进一　卒3进1
8. 马三进四　车4平6（图1）
9. 兵七进一　车6进1
10. 兵七进一　马3退2
11. 炮八平九　炮4平6
12. 车九平八　象3进5
13. 车八进四　车6平2
14. 马七进八　马2进4
15. 炮一平三　车1平2
16. 炮三进四　炮2平1
17. 兵七平八　卒5进1
18. 炮九平八　车2平3
19. 车二进五　车3进6
20. 车二平五　士6进5

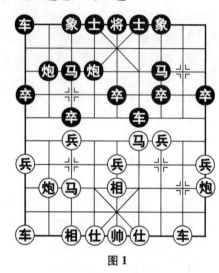

图1

21. 马八进六　车3退2
23. 炮三平九　车3平1？

22. 兵五进一　炮1进4
24. 马六退七！象5进3
25. 炮九退三　车1进2
26. 车五平七　马4进5
27. 车七退一　炮6平3？
28. 兵八平七！车1平2
29. 兵七进一　车2进1
30. 兵五进一　马5退6
31. 兵三进一　象7进9
32. 兵三平四　车2平3
33. 兵七进一　卒9进1
34. 仕四进五　马7进8
35. 兵七平六　马8进9
36. 兵四进一　马9进7

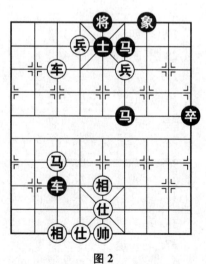

图2

37. 兵五进一　马7退5　　　　38. 车七进三　象9退7

39. 兵五进一　马5退6　　　　40. 兵五进一　士4进5

41. 兵四进一（图2）

第107局　余四海负潘振波

1. 相三进五　炮8平4　　　　2. 兵三进一　马8进7

3. 马二进三　车9平8　　　　4. 马三进四　马2进3

5. 马八进九　卒3进1

6. 车九进一　士4进5

7. 仕四进五　象3进5

8. 炮二平三　车8进4（图1）

9. 炮三进四　炮2平1

10. 车九平八　车1平2

11. 炮八进四　卒1进1

12. 车八进三　炮1进4

13. 车一平三　炮1平5

14. 兵三进一　车8进1

15. 马四退三？　车8平2

16. 马九进八　卒5进1

17. 马八进七　卒5进1

18. 车三平二　马3退1

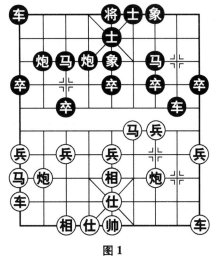

图1

19. 炮八平九　车2平3

20. 车二进六？　马7退9！

21. 马七进五　炮5退4

22. 车二进二　炮4退1

23. 炮三进二　炮4平7

24. 车二平三　车3进3！

25. 炮九进一　马9进8

26. 车三进一　马8退6

27. 车三退一　马1退3

28. 马三进二　炮5平2

29. 兵三平四　卒5进1

30. 车三退四　马6进8

31. 炮九进二　马3进4

32. 车三平八　车3平2

33. 车八进二　马4进2

34. 炮九退三　马2进4

35. 炮九平一　士5进4

36. 炮一退一　马4进3

37. 炮一平七　炮2进7

38. 相五进七　马3进4

39. 马二进三　马4退2

40. 马三退五　士6进5

41. 兵四进一　马2退4（图2）

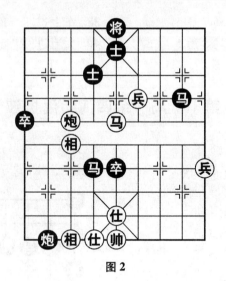

图2

第108局　才溢胜周小平

1. 相三进五　炮8平4	2. 兵三进一　马8进7
3. 马二进三　车9平8	4. 马三进四　卒3进1
5. 车一进一　炮2进4	6. 车一平六　士6进5
7. 仕六进五　马2进1	8. 炮二平三　象7进5
9. 马八进七　车8进4	10. 车六进三　炮2退3（图1）
11. 车六进二　马1退3	
12. 车六平七　车8平6	
13. 车七进二　车6进1	
14. 车七退二　炮2退2	
15. 炮八进四　车1进2	
16. 炮八平五　车6退2	
17. 车七进二　车6平5?	
18. 车七平八　炮4进4	
19. 兵一进一　炮4退1	
20. 兵三进一　象5进7	
21. 车八退四　炮4退3	
22. 车九平八　炮4平5	
23. 兵七进一　车1平3	

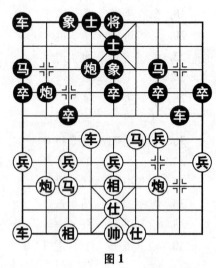

图1

24. 兵七进一　车3进2　　　　　25. 后车进三　车5平3

26. 前车平四　炮5平3　　　　　27. 马七进八　后车平4

28. 马八退六　车3平4　　　　　29. 马六退八　前车进1？

30. 车四平六　车4进2

31. 车八进三！车4平9

32. 车八平九　车9平2

33. 车九平七　炮3平2

34. 马八进七　象3进5

35. 车七平三　炮2平3

36. 炮三进二！车2退1

37. 马七进六　车2平4

38. 炮三平八　炮3平4

39. 兵五进一　将5平6

40. 炮八进五　将6进1

41. 车三平二　象5退3

42. 车二平四　炮4平6

43. 炮八退一（图2）

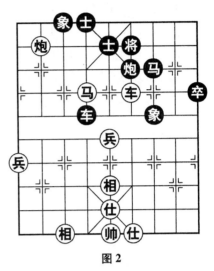

图2

第109局　潘振波胜朱琼思

1. 相三进五　炮8平4　　　　　2. 兵三进一　马8进7

3. 马二进三　车9平8

4. 马三进四　马2进3

5. 马八进九　卒3进1

6. 车九进一　象3进5

7. 炮二平四　士4进5

8. 车一平三　炮2进4（图1）

9. 兵七进一　卒3进1

10. 车九平七　炮2平9

11. 车七进三　炮9退1

12. 车七进三　炮9平6

13. 炮八进四　车8进6

14. 兵五进一　车8平4

15. 炮八平三　炮4进7

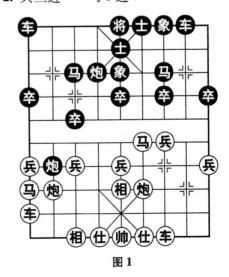

图1

16. 车三进三　车4平7　　17. 炮三退三　马7进8

18. 炮三平五　车1平4?　　19. 仕四进五　炮4退3

20. 炮五进三　马8进7?　　21. 炮四平三！卒1进1

22. 马九退七！炮6进3　　23. 马七进六　车4进6

24. 车七进二　车4退6　　25. 车七退六　炮6平7

26. 兵五进一　车4进3　　27. 车七平八　卒9进1

28. 相五退三　马7退9　　29. 炮三平九　车4进5

30. 相三进五　车4平2

31. 炮九平八　车2平4

32. 兵五平四　炮7平8

33. 车八平二　车4退5

34. 兵四进一　炮8平6

35. 车二平七　将5平4

36. 车七平八　将4平5

37. 炮八平七　车4退3

38. 兵四进一　炮6退4

39. 兵四进一　车4平3

40. 相五进七　车3平1

41. 炮七平三　象7进9

42. 炮三平五　炮6平5

43. 帅五平四（图2）

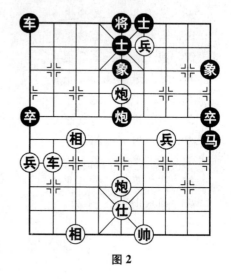

图2

第110局　许文学负孙浩宇

1. 相三进五　炮8平4　　2. 兵三进一　马8进7

3. 炮二平四　车9平8　　4. 马二进三　卒3进1

5. 马八进七　马2进3　　6. 炮八进四　象7进5

7. 炮八平七　车1平2　　8. 车九平八　炮2进4

9. 仕四进五　卒5进1　　10. 马三进四　车2进3（图1）

11. 炮四平三?　炮2进1!　　12. 相五退三?　炮2退3!

13. 炮三平四　车2平3　　14. 车八进五　卒3进1

15. 车八平五　卒3进1　　16. 马七退八　车8进6

17. 兵三进一　车8平6　　18. 马四进三　马7进5

19. 炮四平五　炮4进4　　20. 车一平二　士4进5

21. 兵三平四　马5进3

22. 马三进一　车6平7

23. 兵四平三　车3平6

24. 相三进一　炮4退4

25. 车二进六　车6平8

26. 马一进三　将5平4

27. 马三退二　车7平8

28. 炮五平六　前马进4

29. 车五进一　炮4进5

30. 车五平七　炮4平7

31. 相七进五　马4退5

32. 车七平六　马5退4

33. 车六平七　马3退2

34. 兵三进一　卒3平4

35. 兵五进一　车8退2

36. 车七平六　卒4平5

37. 马八进六　卒5进1

38. 马六进七　卒5进1

39. 仕六进五　马2进3

40. 车六平七　车8平3

41. 车七退一　马4进3

42. 兵五进一　前马进4

43. 马七进六　马3进4

44. 兵五平六　马4退6（图2）

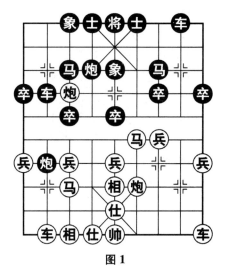

图1

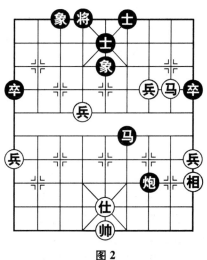

图2

第 111 局　赵国荣负庄玉庭

1. 相三进五　炮8平4

2. 兵三进一　马8进7

3. 炮二平四　车9平8

4. 马二进三　卒3进1

5. 马八进七　马2进3

6. 炮八进四　象7进5

7. 炮八平七　车1平2

8. 车九平八　炮2进4

9. 仕四进五　卒5进1

10. 炮四进四　车8进4（图1）

11. 车一平二 车8进5

12. 马三退二 马7进5

13. 马二进三 卒5进1

14. 兵五进一 马5进4

15. 炮七平三 卒3进1

16. 马七进五 卒3进1

17. 马五进七 车2进4

18. 炮四退二 马4进3

19. 车八进一 士6进5

20. 兵五进一 车2平3

21. 炮四进一 车3退1

22. 炮三平六 卒1进1

23. 炮四退三? 前马退1

24. 车八进一 卒1进1

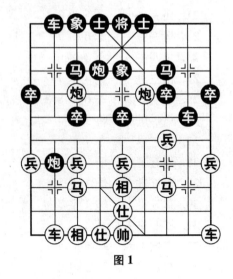

图1

25. 炮四进四 车3进1

26. 炮四退一 车3退1

27. 炮四进一 车3进1

28. 炮四退一 车3进1

29. 兵五进一 车3进1

30. 炮四退一 炮2退1

31. 马七退五? 炮2退5

32. 兵五进一 象3进5

33. 兵三进一 马3进2

34. 炮六平八 车3平7

35. 车八平六 炮4进4!

36. 炮四退四 马2进4

37. 炮四平三 车7平2

38. 炮八平九 马4进6

39. 炮九平四 马1退3

40. 车六退一 马3进5

41. 马三进五 车2平5!

42. 车六平七 车5进2

43. 车七进二 马6进7

44. 炮四退五 车5平6（图2）

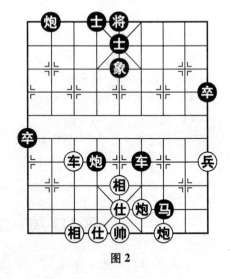

图2

第 112 局　许银川胜陈寒峰

1. 相三进五 炮8平4　　　　2. 兵三进一 马8进7

3. 马二进三　车9平8

4. 马三进四　马2进3

5. 马八进九　车8进4

6. 炮二平四　卒3进1

7. 车九进一　马3进4

8. 炮八进三　车8进3（图1）

9. 马四进六　车8平6

10. 兵七进一　象3进5

11. 兵七进一　象5进3

12. 仕四进五　车6退1

13. 车一平四　车6进3

14. 仕五退四　炮2进1

15. 炮八退四　炮2平4

16. 马六退七　车1平2

17. 炮八平三　象7进5

18. 车九平四　士4进5？

19. 车四进三　车2进7

20. 仕六进五　前炮进3

21. 兵一进一　前炮平1

22. 马七进六　卒5进1？

23. 车四平九　炮1平4

24. 车九进二　前炮进2

25. 马六进五！象3退5

26. 炮三平六　车2平5

27. 车九进三　炮4退2

28. 炮六进六！象5退3

29. 车九平七　车5平2

30. 炮六平九　马7退9

31. 炮九平五　士5进4

32. 车七退三　将5进1

33. 炮五平四　马9进8

34. 车七平五　将5平4

35. 车五平三　马8进9

36. 炮四退三　马9进8

37. 炮四平六　将4平5

38. 车三平五　将5平6

39. 车五平四　将6平5

40. 炮六进五　车2平3

41. 兵三进一　车3进2

42. 仕五退六　车3退4

43. 炮六平八　马8退7

44. 仕四进五　卒9进1

45. 炮八退五（图2）

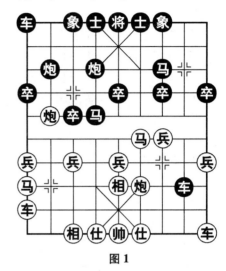

图1

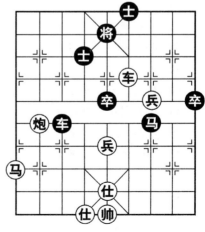

图2

第 113 局　洪智胜郝继超

1. 相三进五	炮8平4	2. 兵三进一	马8进7
3. 炮二平四	车9平8	4. 马二进三	车8进4
5. 车一平二	车8平6		
6. 仕四进五	马2进3（图1）		
7. 马八进七	卒3进1		
8. 炮八进二	卒7进1		
9. 车二进四	象3进5		
10. 炮八平四	车6平5		
11. 车九平八	车1平2		
12. 车八进六	炮2退1		
13. 前炮进四	炮2平1		
14. 车八平六	士4进5		
15. 前炮平九	马3退1		
16. 车六平九	马1进2		
17. 马三进四	炮4进3		

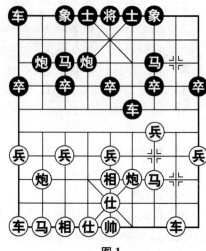

图 1

18. 车二进三	卒7进1	19. 相五进三	炮4退3
20. 相三退五	马2进4	21. 车二退一	车5平7
22. 马四进五	马7进5	23. 车九平五	车2进6
24. 兵五进一！	车7进2	25. 兵五进一	马4进3
26. 车二退二	车7平9	27. 兵九进一	车2平2
28. 车五平六	马3进1	29. 帅五平四	马1进3
30. 车二平三	象5进7	31. 车六平四	象7进9
32. 兵五进一	车2退5	33. 兵五平六	炮4平7
34. 车三平五	车2进3	35. 马七进六	车2平8
36. 相五退三	车8平7？	37. 相三进一	车9平8
38. 炮四平六	车8进3	39. 相一退三	车7进3
40. 帅四进一	车8退1？	41. 帅四进一	马3退4
42. 车五退一	炮7平5	43. 车五平六	车7退3
44. 炮六平五	车7平5	45. 车六平八	车8退8
46. 兵六进一！（图2）			

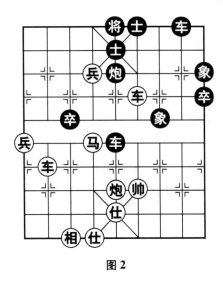

图2

第114局　才溢胜李少庚

1. 相三进五　炮8平4　　　**2.** 兵三进一　马8进7

3. 马二进三　车9平8　　　**4.** 马三进四　卒3进1

5. 车一进一　车8进4

6. 车一平六　马2进3（图1）

7. 车六进五　车8平6

8. 车六退二　士4进5

9. 炮二平四　车6平5

10. 马八进七　炮2进2

11. 车六进二　卒7进1

12. 炮八进二　象3进5

13. 车六平七　车1平3

14. 车九进一　马3退4

15. 车七进三　象5退3

16. 车九平六　象3进5

17. 车六进五　卒1进1？

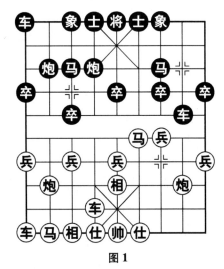

图1

18. 仕四进五　炮2退3　　　**19.** 兵三进一　车5平7

20. 炮八进二　车7平5　　　**21.** 车六平七　炮4平3

22. 炮八进一　车5平7　　　**23.** 车七平六　炮3平4

24. 车六平九　马4进3　　25. 车九平七　马3退4

26. 车七进二　炮2退1　　27. 车七平六　卒3进1?

28. 兵七进一　车7平2　　29. 炮八平七　马4进2

30. 马四进三　士5进6　　31. 兵七进一!　车2退2

32. 兵七进一　炮2平3　　33. 车六平七!　炮3平1

34. 车七平三　炮1平3　　35. 车三平七　炮3平1

36. 车七平三　炮1平3

37. 车三平七　炮3平1

38. 车七平四　车2进2

39. 马七进六　车2进1

40. 炮四进二　车2平4

41. 车四平八　炮1平3

42. 炮七平九　士6进5

43. 车八退二　车4进3

44. 相七进九　车4退2

45. 炮四平三　象5进7

46. 兵七平六　炮4平5

47. 车八平七（图2）

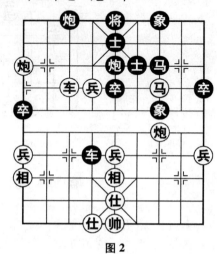

图 2

第 115 局　于幼华和王廓

1. 相三进五　炮8平4

2. 兵三进一　马8进7

3. 炮二平四　车9平8

4. 马二进三　卒3进1

5. 马八进七　马2进3

6. 炮八进四　象7进5

7. 炮八平七　车1平2

8. 车九平八　炮2进4

9. 仕四进五　士4进5

10. 马三进四　炮4进1（图1）

11. 炮四平三　车2进3

12. 马四进三　车2平3

13. 马三退四　炮4退1?

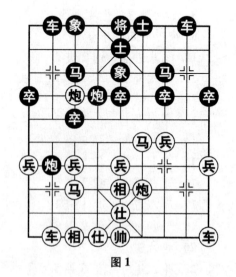

图 1

14. 车八进三　车8进4　　　　15. 车八进一　车3平4

16. 车一平四　马3进4　　　　17. 兵七进一　马4进6

18. 车四进四　车4进3　　　　19. 兵七进一　车8平3

20. 车八平七　车4平3　　　　21. 车七进一　车3退2

22. 马七进六　车3平4　　　　23. 炮三进五　炮4平7

24. 马六进四　炮7平9　　　　25. 马四进二　炮9进4

26. 车四进二　炮9平1　　　　27. 车四平五　卒1进1

28. 兵五进一？炮1平5　　　　29. 车五平八　炮5平7

30. 车八平四　卒9进1　　　　31. 车四退三　车4平8

32. 马二退四　炮7平8　　　　33. 兵五进一　卒9进1

34. 兵五进一　卒9平8　　　　35. 兵五进一　卒8平7

36. 马四进六　车8平4

37. 马六进七　车4退3

38. 车四平七？炮8退5？

39. 马七退八　车4退1

40. 兵五进一　士6进5

41. 相五进三　象3进5

42. 车七平五　车4进3

43. 马八退七　车4平3

44. 马七进九　车3退1

45. 相三退五　象5退3

46. 马九退七　炮8平6

47. 车五进三　炮6退1

48. 马七进八　车3平2（图2）

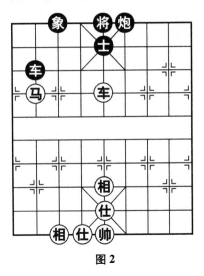

图2

第116局　焦明理负靳玉砚

1. 相三进五　炮8平4　　　　2. 兵三进一　马8进7

3. 炮二平四　车9平8　　　　4. 马二进三　马2进3

5. 马八进七　卒3进1　　　　6. 炮八进四　马3进4

7. 炮八平三　象7进5　　　　8. 车九平八　炮2平3

9. 车八进六　士6进5　　　　10. 车八平六　马4进3（图1）

11. 兵三进一　车1平2　　　　12. 仕四进五　马3退2

13. 马三进四　车8进5　　　　14. 马四退三　车8进3

15. 马三进四　炮3退1

16. 车一平三　卒3进1

17. 车六平八　车2进3

18. 炮三平八　卒3进1

19. 马七退九　车8退3

20. 马四进六　车8平4

21. 马六进四　炮4进1

22. 兵三进一　炮4平6

23. 炮八平四　车4平6

24. 车三平二　车6进1

25. 车二进四　马7退6

26. 兵一进一　卒9进1

27. 兵一进一　车6平5

28. 兵一进一　车5平4

30. 兵九进一　卒1进1

32. 车九平八　车4退2

34. 前炮平一　马2进4

36. 兵二进一　马8进6

38. 兵二进一　马7进8

39. 兵三进一? 车4平9!

40. 兵二进一　士5退6

41. 帅五平四? 车9进5

42. 帅四进一　车9退1

43. 帅四退一　车9进1

44. 帅四进一　车9退1

45. 帅四退一　车9进1

46. 帅四进一　卒5进1

47. 炮四平三　马8退6

48. 仕五进四　马6进7

49. 帅四平五　马4进6

50. 车八退二　车9退8!（图2）

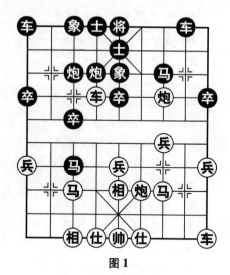

图1

29. 兵一平二　卒1进1

31. 车二平九　炮3进3

33. 前炮退二　炮3退1

35. 炮一进五　马6进8

37. 兵三进一　马6进7

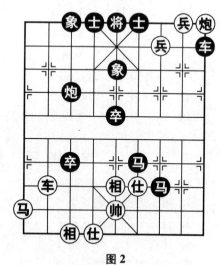

图2

第 117 局 金松和徐超

1. 相三进五	炮 8 平 4	2. 兵三进一	马 8 进 7
3. 马二进三	车 9 平 8	4. 马三进四	马 2 进 3
5. 马八进九	车 8 进 4	6. 炮二平四	卒 3 进 1
7. 车九进一	炮 2 进 4	8. 车九平六	士 4 进 5

9. 仕六进五　象 3 进 5

10. 车一平三　卒 1 进 1（图 1）

11. 车六进三　炮 2 平 5

12. 兵七进一　卒 3 进 1

13. 车六平七　马 3 进 4

14. 兵三进一　车 8 进 1

15. 马四进六　车 8 平 3

16. 马六退五　车 3 进 1

17. 马五进六　车 3 平 4

18. 马六进八　炮 4 退 1

19. 兵三进一　马 7 退 8

20. 车三进四　车 1 平 3

21. 兵九进一　车 4 平 2

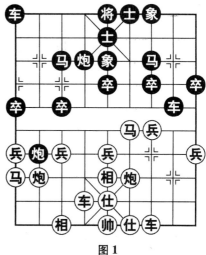

图 1

22. 马八退六	卒 1 进 1	23. 车三平九	马 8 进 9
24. 兵三平四	卒 5 进 1!	25. 炮八平六	士 5 进 4
26. 马九进七	炮 4 进 3	27. 马七进六	车 3 进 4
28. 炮四进三	象 5 退 3	29. 炮六进五	车 2 退 3
30. 兵四进一	车 2 平 6!	31. 马六退五	车 3 进 2
32. 马五进七	车 6 进 1	33. 车九进五!	车 6 退 2
34. 车九平七	将 5 进 1	35. 车七退一	将 5 退 1
36. 车七进一	将 5 进 1	37. 炮六平七!	车 3 退 1
38. 相五进七	马 9 进 7	39. 相七退五	马 7 进 6
40. 炮七退五	马 6 进 8	41. 车七退一	将 5 退 1
42. 车七平三	象 7 进 5	43. 兵三退五	马 8 退 7
44. 相五进三	车 6 进 3	45. 相七进五	卒 5 进 1
46. 车三平九	车 6 退 2	47. 相五退三	车 6 平 3
48. 炮七平五	马 7 退 5	49. 仕五退六	马 5 进 4

50. 车九平六　卒 5 进 1　　　**51.** 炮五退一　马 4 进 6

52. 车六平五　马 6 进 5（图 2）

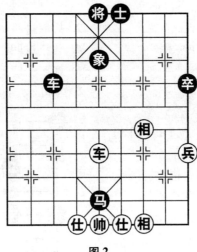

图 2

第 118 局　王斌和李雪松

1. 相三进五　炮 8 平 4　　　**2.** 兵三进一　马 8 进 7

3. 炮二平四　车 9 平 8　　　**4.** 马二进三　马 2 进 3

5. 马八进七　卒 3 进 1　　　**6.** 炮八进四　象 7 进 5

7. 炮八平七　车 1 平 2

8. 车九平八　炮 2 进 4

9. 仕四进五　士 4 进 5

10. 马三进四　车 2 进 3

11. 炮七平三　卒 5 进 1

12. 车一平三　车 8 进 5（图 1）

13. 炮四平三　车 8 退 1

14. 车三平四　车 8 平 6

15. 后炮退一　士 5 退 4

16. 马七退九　炮 2 退 1

17. 车八进三！马 3 退 1！

18. 马四退三　车 6 进 5

19. 仕五退四　炮 4 平 2！

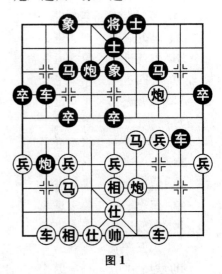

图 1

20. 前炮平七！	前炮退1	**21.** 炮七平六	士6进5
22. 车八进一	车2平4	**23.** 车八进一	车4平2
24. 车八进一	马1进2	**25.** 马三进四	马7进8
26. 兵三进一	马8进7	**27.** 兵三进一	炮2平3
28. 炮三平一	马7进9	**29.** 仕四进五	炮3进4
30. 帅五平四	卒9进1	**31.** 兵一进一	卒9进1
32. 炮一进三	卒1进1	**33.** 马九进八	炮3平1
34. 马八进九	马2退4	**35.** 马九进八	马9退7
36. 炮一平三	将5平6	**37.** 帅四平五	象5进7
38. 炮三平二	卒5进1	**39.** 炮二平五	马7退5

40. 兵五进一	炮1退1
41. 马四进五	象7退5
42. 马八退六	将6平5
43. 帅五平四	马4进2
44. 马六进八	卒3进1
45. 兵五进一	炮1退2
46. 相五进七	炮1平5
47. 兵五进一	马2进3
48. 马八进九	士5进6
49. 马九退七	将5平6
50. 兵三进一	士4进5
51. 相七进五	马3退5
52. 兵五平四	象5进3（图2）

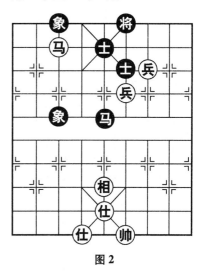

图2

第119局 王斌胜王行梁

1. 相三进五	炮8平4	**2.** 兵三进一	马8进7
3. 炮二平四	车9平8	**4.** 马二进三	车8进4
5. 车一平二	车8平6	**6.** 仕四进五	马2进3
7. 马八进七	卒3进1	**8.** 炮八进二	象3进5
9. 炮八平四	车6平4	**10.** 车九平八	车1平2（图1）
11. 车八进六	炮2平1	**12.** 车八平七	车2进2
13. 前炮平九	炮1进3	**14.** 兵九进一	卒7进1
15. 车二进四	车4平6	**16.** 兵三进一	车6平7

17. 车二平六　士4进5

18. 马三进四　炮4退2

19. 车六进四　炮4平3

20. 车六平七　车2进3?

21. 兵七进一　车2平1

22. 后车平六!　马3进2

23. 车六进二　炮3平4

24. 车七平八　卒3进1

25. 马四进六　马2退1

26. 车八平九　马1进3

27. 马六进七　象5进3?

28. 车九进一　马3退5

29. 相五进七　车1平3

30. 炮四平六!　象3退1

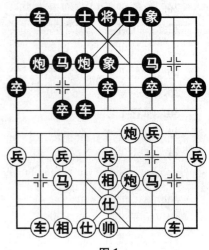

图1

32. 炮六平四　士5退4

34. 炮六平三　车3平1

36. 车六退一　马7进6

38. 车六平五　将5平6

40. 车五平六　马4进2

42. 车四平五　将5平4

43. 车五平六　将4平5

44. 车六平五　将5平4

45. 车五退一　马2退3

46. 车五退一　车3平4

47. 炮三进一　马3进2

48. 帅五平四　车4退3

49. 炮三平四　车4平6

50. 兵五进一　车6进2

51. 车五平六　将4平5

52. 兵五进一　车6进1

53. 兵五进一　马2退3

54. 兵五进一（图2）

31. 炮六进七　车3退3

33. 炮四平六　车3退2

35. 炮三退四　车1平3

37. 马七进六　马6进4

39. 炮三退四　车3进6

41. 车六平四　将6平5

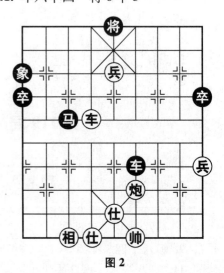

图2

第120局 康德荣负蒋川

1. 相三进五 炮8平4	2. 兵三进一 马8进7
3. 马二进三 车9平8	4. 车一平二 车8进4
5. 炮二平一 车8平4	6. 马八进七 马2进1
7. 兵七进一 卒3进1	8. 兵七进一 车4平3
9. 马三进四 车3平6	
10. 马四退三 象3进5（图1）	
11. 车九进一 车1平3	
12. 马三进二 车3进6	
13. 炮八退一 炮2进4	
14. 炮八平三 车6平8	
15. 炮三进二 炮4进4	
16. 兵三进一 车8平7	
17. 炮三退二 炮4进1	
18. 炮一平六 车3进1	
19. 炮六进五 象5退3	
20. 炮三进五 马7退5	

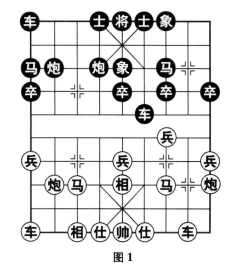

图1

21. 车九平四 象3进5	
22. 仕四进五 马5退3	23. 炮六退一 士4进5
24. 马二进一 车7平4	25. 马一进三 炮2退5
26. 车二进四 马3进2	27. 车二平四 将5平4
28. 炮六平八 炮2平3	29. 马三退五 车4进4
30. 相七进九? 车3平5	31. 前车平六 车4退3
32. 马五退六 车5平1	33. 炮八平七 马2进3
34. 车四进五 车1平7	35. 马六进八 马1进3
36. 车四平七 炮3平2	37. 炮三平六 车7退3
38. 车七平九 将4平5	39. 炮六退五 士5退4
40. 车九平八 炮2平5	41. 车八平四 炮5进5
42. 帅五平四 士4进5	43. 马八进九 炮5平3
44. 仕五进六? 车7进5	45. 帅四进一 炮3进2
46. 仕六进五 车7平2!	47. 车四退三 车2退7!
48. 车四平七 炮3平1	49. 炮六平七 车2平1

50. 帅四退一　车1平2	51. 炮七退一　车2进7
52. 炮七平五　车2退3	53. 车七平八　马3进2
54. 炮五平七　炮1平3	55. 兵一进一（图2）

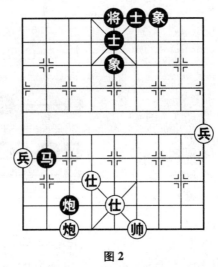

图 2

第 121 局　金海英 洪智负赵冠芳 柳大华

| 1. 相三进五　炮8平4 | 2. 兵三进一　马8进7 |
| 3. 马二进三　车9平8 | 4. 马三进四　马2进3 |

5. 炮二平四　卒3进1

6. 马八进七　象7进5

7. 车一平三　车1进1

8. 仕六进五　炮2进3（图1）

9. 马四进三　车8进3

10. 兵三进一　炮2退2

11. 车九进一？象5进7！

12. 车三进五　车8平7

13. 车三平七　马7退5

14. 炮八进二　炮4平8

15. 炮八平二？象3进5

16. 车七进一　炮2退3！

17. 车九平六　炮2平3

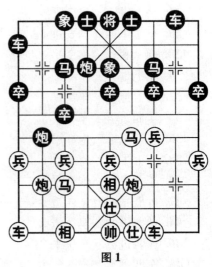

图 1

18. 车七平八　马 5 进 7
19. 兵七进一　车 7 进 1
20. 马七进八　车 7 平 4
21. 车六进四　马 3 进 4
22. 兵七进一　马 4 进 5
23. 兵七进一　马 7 进 6
24. 炮二退一　车 1 平 4
25. 马八进九　马 6 进 4
26. 兵七平六　炮 8 进 1
27. 车八进一　车 4 进 2
28. 车八平五　士 6 进 5
29. 车五平二　车 4 平 1
30. 车二退一　炮 3 平 2
31. 炮四进四　炮 2 进 9
32. 相七进九　炮 2 退 6
33. 相九进七　马 5 进 3
34. 仕五进六　炮 2 平 6
35. 车二平四　车 1 进 3
36. 炮二退三　车 1 平 9
37. 仕四进五　马 3 进 1
38. 车四平三　马 1 退 2
39. 炮二进九　士 5 进 6
40. 炮二退三　卒 5 进 1
41. 车三进三　将 5 进 1
42. 车三退四　马 4 进 6
43. 车三进三　将 5 退 1
44. 炮二平七　卒 5 进 1
45. 车三进一　将 5 进 1
46. 帅五平六　马 6 退 4
47. 车三退一　将 5 退 1
48. 车三进一　将 5 进 1
49. 炮七进三　卒 5 进 1
50. 车三退一　将 5 退 1
51. 车三退三　马 4 进 6
52. 车三平八　马 2 退 4
53. 车八进二　将 5 退 1
54. 车八退四　卒 5 进 1
55. 车八进五　将 5 进 1
56. 相七退五　马 6 进 4
57. 车八退一　将 5 退 1
58. 仕五进六　马 4 进 3
59. 帅六平五　车 9 进 1（图 2）

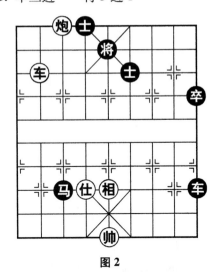

图 2

第 122 局　胡荣华胜卜凤波

1. 相三进五　炮 8 平 4
2. 兵三进一　马 8 进 7
3. 炮二平四　车 9 平 8
4. 马二进三　马 2 进 1
5. 马八进七　车 8 进 4
6. 马三进四　士 4 进 5

7. 炮八退一　炮 2 平 3

8. 炮八平三　车 1 平 2 （图 1）

9. 车一进二　象 3 进 5

10. 车一平三　车 8 平 9

11. 马四进三　车 9 进 2

12. 马三退四　象 7 进 9

13. 兵九进一　车 2 进 4

14. 马四进三　车 9 平 8

15. 兵七进一　马 1 退 3？

16. 车九进一　炮 4 进 1

17. 马三退四　车 8 进 2

18. 仕六进五　卒 3 进 1？

19. 车九平八！车 2 进 4

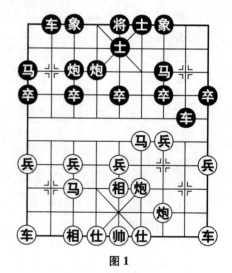

图 1

20. 炮三平八　车 8 退 4

21. 兵七进一　炮 3 进 5

22. 兵三进一　车 8 进 1

23. 炮四平七　车 8 平 6

24. 兵三进一　马 3 进 1

25. 兵三进一　象 9 进 7

26. 炮八平九　炮 4 退 1

27. 兵三进一　炮 4 退 1

28. 兵三进一　车 6 退 1

29. 相五进七　象 5 进 3

30. 车三平六　炮 4 进 1

31. 车六进四　炮 4 平 8

32. 相七进五　象 7 退 5

33. 炮九进五　炮 8 进 1

34. 车六平五　炮 8 进 6

35. 相五退三　象 5 退 7

36. 车五平二　炮 8 平 9

37. 车二平六　车 6 平 7

38. 帅五平六　车 7 进 5

39. 帅六进一　炮 9 退 1

40. 仕五进四　车 7 退 1

41. 帅六退一　炮 9 进 1

42. 仕四进五　车 7 进 1

43. 帅六进一　炮 9 退 1

44. 仕五退四　士 5 进 4

45. 兵九进一　车 7 退 1

46. 帅六退一　炮 9 进 1

47. 仕四进五　车 7 进 1

48. 帅六进一　炮 9 退 1

49. 仕五退四　士 6 进 5

50. 炮九平一　车 7 退 5

51. 炮七平五　将 5 平 6

52. 兵九进一　马 1 退 3

53. 车六平四　将 6 平 5

54. 车四平七　马 3 进 5

55. 车七进三　士 5 退 4

56. 炮一进三！象 7 进 9

57. 炮一退八　车 7 进 4

58. 仕四退五　车 7 平 9

59. 车七退四　象 9 退 7

60. 车七平三　车 9 退 8

61. 兵五进一　士 4 退 5

62. 兵九平八　马 5 退 3　　　　**63.** 兵八平七（图 2）

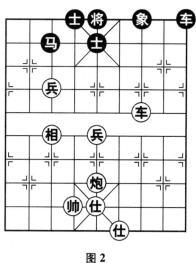

图 2

第 123 局　　崔峻胜孟辰

1. 相三进五	炮 8 平 4	**2.** 兵三进一	马 8 进 7
3. 炮二平四	车 9 平 8	**4.** 马二进三	马 2 进 3
5. 马八进七	卒 3 进 1	**6.** 炮八进四	马 3 进 2
7. 车九进一	象 3 进 5	**8.** 炮八平三	车 1 平 3（图 1）

9. 兵三进一　马 2 进 3

10. 车九平八　炮 2 平 3

11. 炮三平九　象 5 进 7

12. 车一平三　车 8 进 6?

13. 炮九平七　车 3 平 1

14. 炮四退一　象 7 进 5?

15. 车八进二!　车 1 进 3

16. 炮七退三　炮 3 进 4

17. 车八平七　炮 4 平 3

18. 相五进七!　车 1 平 4

19. 马七退五　车 8 进 2

20. 炮四进二　车 4 进 4

21. 车七平六　车 4 平 6

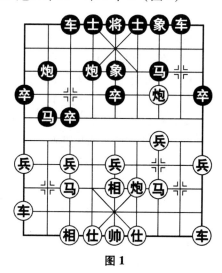

图 1

22. 相七退九　士6进5　　23. 车六进一　车8退2

24. 车六平二　车8平7　　25. 马三退一　车6退1

26. 马五进四　车7平6　　27. 车二退一　车6进2

28. 马一进三　车6平2　　29. 相七进五　马7进6

30. 车三平二　马6进4　　31. 后车进一　车2退1

32. 相九退七　马4进5　　33. 相七进五　车2平5

34. 仕六进五　车5平7　　35. 后车进一　车7退2

36. 前车进一　车7进1　　37. 后车进一　车7退1

38. 前车进二　车7平1　　39. 兵五进一　卒3进1

40. 前车平五　卒3平4　　41. 兵五进一　车1进2

42. 仕五退六　炮3进7　　43. 帅五进一　车1退1

44. 帅五进一　车1平6　　45. 车二进一　卒4进1

46. 车二退一　车6平4　　47. 帅五平四　士5退6

48. 仕四进五　炮3退3　　49. 车二进六　士4进5

50. 车五平六　车4平1　　51. 车六退三　车1退2

52. 车二退三　车1进1　　53. 帅四退一　炮3进2

54. 仕五进四　卒9进1

55. 车二平七　车1进1

56. 兵五进一　炮3退4

57. 帅四退一　车1退3

58. 车六平五　卒9进1

59. 兵五平四　车1平3

60. 车七平八　卒9进1

61. 车五进四　炮3退4

62. 车五退二　卒9平8

63. 车五平三　卒8进1

64. 车八平五　车3平9

65. 帅四平五　车9进4

66. 帅五进一（图2）

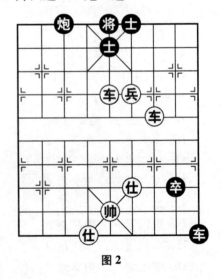

图2

第124局　王志成负许银川

1. 相三进五　炮8平4　　2. 兵三进一　马8进7

3. 马二进三　车9平8　　4. 车一平二　车8进4

5. 马八进七　卒3进1

6. 仕四进五　马2进3

7. 炮八进二　象3进5

8. 马三进二　车8平4（图1）

9. 马二进三　炮2进1

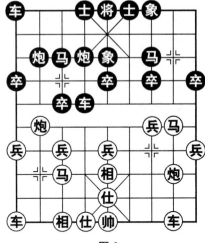

图1

10. 马三退二　炮2平3

11. 车九平八　车1平2

12. 炮八进四　炮3进3

13. 炮二平三　车4平8

14. 兵三进一　车8平7

15. 炮三进五　车7退2

16. 马二进一? 车7进1

17. 马一退二　车7退2

18. 炮八退五　卒3进1！

20. 兵九进一　车2进4

22. 炮九进三　车7平1

24. 兵五进一　炮4平2

26. 帅五平四　士4进5

28. 马二退三　炮3退2

30. 马七退九　车4平2

32. 车九进三　车2平1

34. 相五退七　车1平3

36. 车四平六　马3进1

38. 帅四进一　车3退2

40. 马五进七　车8进1

42. 车八退一? 车8平6

44. 帅五平四　车5平3

46. 仕五进六　车8平2

48. 帅四退一　车2平8

50. 帅四进一　车8平2

52. 炮九退一　车2平6

54. 兵九平八　卒5进1

56. 车七进六　炮2进1

58. 兵八进一　炮2平4

19. 车二平四　马3进4

21. 炮八平九　卒3平2

23. 炮九退一　车2退1

25. 车四进五　车2平4

27. 车八平九　卒2进1

29. 车四退二　马4进3

31. 马九进八　车2进3

33. 炮九退二　炮3进5

35. 兵九进一　炮2进7

37. 车六平八　车3进8

39. 马三进五　车3平8

41. 帅四进一　车8退3

43. 帅四平五　车6平5

45. 车八平九　车3平8

47. 仕六退五　卒5进1

49. 仕五进六　车8进3

51. 车九平七　车2退2

53. 帅四平五　炮2退8

55. 帅五退一　车6平1

57. 炮九平七　车1平4

59. 炮七平九　车4平1

60. 炮九平七　炮 4 进 7
61. 帅五平六　炮 4 平 8
62. 车七平六　卒 5 进 1
63. 兵八进一　炮 8 退 7
64. 车六平八　车 1 进 2
65. 帅六退一　车 1 退 1！
66. 车八进一　士 5 退 4
67. 仕六退五　车 1 平 3
68. 车八平六　将 5 进 1（图 2）

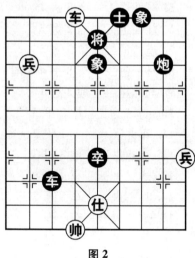

图 2

第 125 局　　庄玉庭胜赵国荣

1. 相三进五　炮 8 平 4　　　　2. 兵三进一　马 8 进 7
3. 马二进三　车 9 平 8　　　　4. 车一平二　车 8 进 4
5. 炮二平一　车 8 平 4　　　　6. 马八进七　马 2 进 3
7. 炮八平九　车 1 平 2
8. 车九平八　炮 2 进 4（图 1）
9. 兵七进一　象 3 进 5
10. 车二进八　士 4 进 5
11. 车二平四　车 4 平 8
12. 马七进六　车 8 平 4
13. 马六进四　炮 2 退 5
14. 车四退二　炮 2 进 2？
15. 马三进四！车 4 平 5
16. 前马进二　炮 4 退 1
17. 车四平三　马 7 退 9？
18. 马二进三　炮 4 平 7
19. 车三进二　马 9 进 8
20. 车三平四　马 8 退 6　　　　21. 炮一平三　象 7 进 9
22. 马四进三　车 5 平 4　　　　23. 车四平一　象 5 退 7

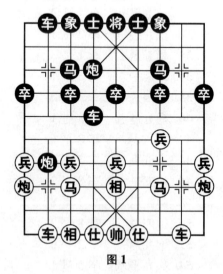

图 1

24. 马三进二	炮 2 退 2	**25.** 马二退四	将 5 平 4
26. 炮九平六	车 4 进 3	**27.** 炮三平六	炮 2 平 9
28. 车八进九	马 3 退 2	**29.** 马四退二	炮 9 平 6
30. 兵三进一	炮 6 进 5	**31.** 兵九进一	炮 6 退 1
32. 兵五进一	象 7 进 5	**33.** 兵三平四	卒 3 进 1
34. 兵四进一	马 2 进 3	**35.** 兵四平五	马 3 进 5
36. 兵五进一	马 5 进 7	**37.** 兵五平六	将 4 平 5
38. 马二进三	炮 6 退 4	**39.** 兵七进一	象 5 进 3
40. 兵六平七	马 7 进 5	**41.** 炮六进二	马 5 进 4
42. 帅五进一	马 4 退 2	**43.** 炮六平八	象 9 进 7
44. 兵七平六	士 5 进 6	**45.** 兵六进一	士 6 进 5
46. 兵一进一	将 5 平 4	**47.** 炮八进二!	士 5 退 6
48. 炮八平一	炮 6 平 1	**49.** 兵六进一	炮 1 平 6
50. 兵一进一	士 6 进 5	**51.** 兵六平七	马 2 退 3
52. 兵一平二	象 7 退 5	**53.** 炮一进一	马 3 退 5
54. 兵七平八	象 5 退 3	**55.** 炮一进二	象 3 进 5
56. 马三退一	炮 6 平 8	**57.** 兵二进一	马 5 进 7
58. 马一进三	象 5 进 3		
59. 炮一退六	马 7 进 6		
60. 帅五平四	炮 8 平 9		
61. 炮一进二	马 6 进 8		
62. 帅四平五	马 8 退 6		
63. 帅五平四	马 6 退 5		
64. 炮一平七	炮 9 进 4		
65. 炮七平六	马 5 进 6		
66. 仕四进五	炮 9 平 6		
67. 仕五进四	马 6 退 4		
68. 帅四平五	炮 6 平 5		
69. 相五进七（图 2）			

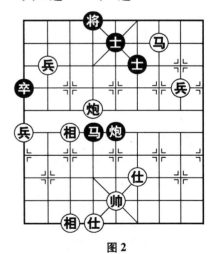

图 2

第 126 局 庄玉庭胜于幼华

1. 相三进五	炮 8 平 4	**2.** 兵三进一	马 8 进 7
3. 炮二平四	车 9 平 8	**4.** 马二进三	马 2 进 3

5. 马八进七　卒 3 进 1

6. 炮八进四　象 7 进 5

7. 炮八平七　车 1 平 2

8. 车九平八　炮 2 进 4

9. 仕四进五　车 8 进 4

10. 车一平二　车 8 进 5（图 1）

11. 马三退二　车 2 进 3

12. 炮四进四　炮 4 进 1？

13. 炮七进三　象 5 退 3

14. 炮四平六　车 2 平 4

15. 车八进三　车 4 进 3

16. 马二进三　马 3 进 4

17. 车八进四　马 7 退 5

18. 马三进二　车 4 平 3

19. 马二进三　车 3 进 1

20. 马三进一　马 5 进 6

21. 兵三进一　马 4 退 5

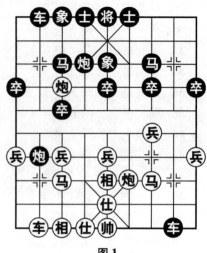

图 1

22. 兵三进一　马 6 退 7

23. 马一进三　马 5 退 7

24. 车八退一　马 7 进 5

25. 车八平五　卒 1 进 1

26. 兵三平四　士 6 进 5

27. 兵一进一　车 3 退 1

28. 兵五进一　车 3 平 1

29. 兵五进一　车 1 平 5

30. 兵四平三　车 5 退 1

31. 兵三平二　卒 1 进 1

32. 兵二平一　车 5 平 9

33. 兵五平六　卒 3 进 1

34. 相五进七　车 9 平 3

35. 相七进五　车 3 平 4

36. 兵六平七　马 5 退 3

37. 兵一平二　马 3 进 4

38. 车五平三　车 4 进 1

39. 车三进三　士 5 退 6

40. 车三退四　马 4 退 6

41. 车三退一　卒 1 进 1

42. 兵二平三　象 3 进 1

43. 兵七进一　车 4 平 5

44. 兵三平四　马 6 退 4

45. 兵七平八　车 5 退 1

46. 车三平六　车 5 平 8

47. 帅五平四　车 8 进 2

48. 帅四进一　马 4 退 2

49. 兵八进一　车 8 退 8

50. 车六平五　士 6 进 5

51. 车五平六　士 5 退 6

52. 车六平五　士 6 进 5

53. 车五平六　士 5 退 6

54. 兵四进一　马 2 进 4

55. 车六进三　象 1 进 3

56. 仕五进四　马 4 退 6？

57. 车六退四！卒 1 进 1

58. 车六平五　士 4 进 5

59. 帅四平五！将 5 平 4

60. 兵八平七　象 3 退 5

62. 车五进四　车 8 进 7

63. 帅五退一　车 8 平 3

64. 兵七平八　车 3 平 2

65. 兵八平九　车 2 退 7

66. 车五平七　将 4 进 1

67. 兵九平八　车 2 平 1

68. 车七退一　将 4 退 1

69. 车七进三　将 4 进 1

70. 车七平五　士 5 进 6

71. 兵八平七　卒 1 平 2

72. 车五平四　士 6 退 5

73. 车四退一　将 4 退 1

74. 车四平二（图 2）

61. 兵四平五　马 6 进 5

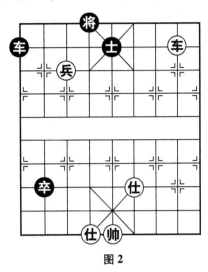

图 2

第 127 局　葛维蒲胜苗永鹏

1. 相三进五　炮 8 平 4

3. 马二进三　车 9 平 8

5. 炮二平四　车 8 进 6

6. 兵七进一　卒 3 进 1（图 1）

7. 马四进六　炮 4 退 1

8. 相五进七　车 8 退 2

9. 马六退四　马 2 进 3

10. 车一平三　炮 2 进 4

11. 马八进七　炮 2 平 3

12. 炮八退一　车 8 进 2

13. 炮八平四　车 1 平 2

14. 相七进五　车 2 进 4

15. 仕六进五　马 3 进 4

16. 马四进六　车 2 平 4

17. 车九平八　象 7 进 5

18. 车八进三　炮 4 平 3

20. 车三进二　卒 1 进 1

2. 兵三进一　马 8 进 7

4. 马三进四　卒 3 进 1

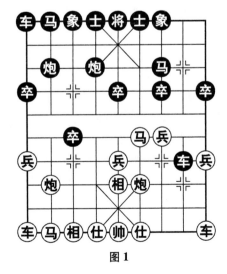

图 1

19. 兵一进一　前炮平 4

21. 后炮平三　炮 3 平 6

22. 炮四进二　士6进5　　23. 相五退三　卒5进1

24. 炮四退二　炮6进5　　25. 车八进三　车4平3

26. 车八平三　车3进1　　27. 相三进五　马7退6?

28. 兵三进一!　车3进1　　29. 兵三平四　车8退2

30. 兵四进一　炮6平9　　31. 后车平一　车8进4

32. 炮三进三　车8退2　　33. 炮四平二　炮4平1

34. 车一进一　车8进1　　35. 马七进九　车3平1

36. 相五退三　卒5进1　　37. 仕五退六　车8退2

38. 炮三退三　卒5进1　　39. 车三退三　车8平5

40. 仕四进五　卒1进1　　41. 炮三平二　卒5进1

42. 相三进五　车1平7　　43. 车一平三　车5平8

44. 炮二平四　车8平6　　45. 炮四进一　车6退1

46. 车三进一　卒1进1　　47. 车三退一　卒1进1

48. 车三进三　卒1进1　　49. 车三平一　象5退7

50. 相五退三　卒1平2　　51. 车一平三　卒2平3

52. 炮四平二　车6平8?　　53. 炮二平五　象7进5

54. 兵四进一　车8平6　　55. 兵四平三　卒3平4

56. 兵三进一　车6退2　　57. 炮五平二　象5退7

58. 炮二进七　象3进5　　59. 车三平二　车6平7

60. 兵三平四　车7进7　　61. 仕五退四　卒4进1

62. 帅五进一!　车7退1　　63. 帅五进一　车7退3

64. 兵一进一　车7平5

65. 帅五平六　象5进7

66. 车二进二　车5平9

67. 车二平三　象7退9

68. 兵一平二　车9退2

69. 车三平二　车9平4

70. 帅六平五　车4平5

71. 帅五平六　卒4平5

72. 兵二进一　卒5平6

73. 炮二平一　车5进1

74. 兵二平一　车5平9

75. 兵一进一　车9退2

76. 车二进一　(图2)

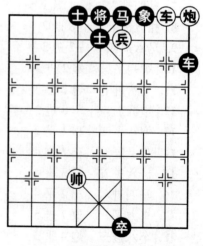

图2

第128局 黄海林负郝继超

1. 相三进五　炮8平4

2. 兵三进一　马8进7

3. 炮二平四　车9平8

4. 马二进三　马2进3

5. 马八进七　车8进4

6. 马三进四　卒3进1

7. 炮八进四　象7进5

8. 车九进一　车8进2（图1）

9. 车一进二　车8平6

10. 马四进三　马3进4

11. 炮八退三　马4进3

12. 车九平六　士4进5

13. 车六进五　炮2平3

14. 炮八退二　车1平2

15. 炮八平四　车6平8

16. 车一平三　车8进2

17. 后炮平三　马3退2

18. 车六退二　炮3进5

19. 炮四平七　卒3进1

20. 车六平七　马2进1

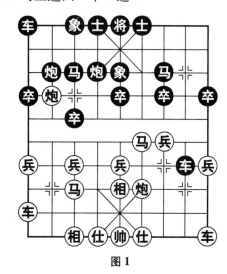

图1

21. 车七进二　马1进3

22. 车七退四　车2进6

23. 车七进六　车2平5

24. 车七平六　象5退7

25. 兵三进一　车5平6

26. 车三进二　车8进1

27. 仕六进五　车8退3

28. 车三进七？车6平3!

29. 车七退一　车8平3

30. 炮三进三　炮4进4

31. 帅五平六　炮4退4

32. 兵三平二　马7退9

33. 兵二进一　车3平4

34. 帅六平五　车4平8

35. 兵二平一　车8平9

36. 炮三平五　卒5进1

37. 马三退五　车9平5

38. 马五进六　士5进4

39. 炮五平八　车5平2

40. 炮八平五　车2平5

41. 炮五平八　车5平2

42. 炮八平五　车2平5

43. 炮五平八　车5平2

44. 炮八平五　马9进7

45. 兵一平二　马7进6

46. 车六退一　车2平5

47. 炮五平八　马6退8

48. 车六退一　马8进6

49. 车六平九　马6进4

50. 炮八进五　象 3 进 5　　51. 车九进三　将 5 进 1
52. 炮八退七　车 5 平 2　　53. 炮八平九　车 2 进 3
54. 仕五进六　马 4 进 2　　55. 帅五平六　马 2 进 4
56. 车九平四　马 4 进 2　　57. 帅六平五　马 2 退 4
58. 帅五平六　马 4 进 2　　59. 帅六平五　马 2 退 3
60. 炮九平六　马 3 进 5　　61. 帅五进一　马 5 进 7
62. 炮六退一　车 2 退 1　　63. 车四退七　马 7 退 8
64. 车四平六　车 2 退 2
65. 帅五退一　车 2 平 6
66. 仕四进五　车 6 平 5
67. 炮六平九　象 5 进 3
68. 相七进五　马 8 退 6
69. 炮九进一　象 7 进 5
70. 车六平八　象 5 进 7
71. 车八平七　象 7 退 5
72. 相五退七　象 5 进 7
73. 相七进五　象 7 退 5
74. 相五退三　象 5 进 7
75. 车七退一　车 5 平 7
76. 炮九退二　车 7 平 5
77. 炮九平七? 马 6 进 4!（图 2）

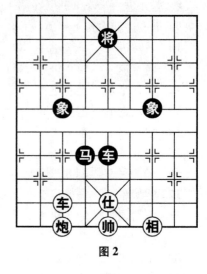

图 2

第 129 局　梁军负范思远

1. 相三进五　炮 8 平 4　　2. 兵三进一　马 8 进 7
3. 马二进三　车 9 平 8　　4. 车一平二　车 8 进 4
5. 炮二平一　车 8 平 4　　6. 马八进七　马 2 进 3
7. 炮八平九　车 1 平 2　　8. 车九平八　炮 2 进 4
9. 兵七进一　象 3 进 5　　10. 车二进八　士 4 进 5（图 1）
11. 车二平四　卒 3 进 1　　12. 兵七进一　车 4 平 3
13. 马七进六　炮 2 退 5　　14. 车四退三　车 3 退 2
15. 车四退四　炮 4 进 7　　16. 车八进一　炮 4 退 3
17. 车四平七　车 3 进 2　　18. 车八平七　炮 2 进 8
19. 帅五进一　卒 7 进 1　　20. 兵三进一　象 5 进 7

21. 马三进四 炮4平9

22. 炮九平六? 车2进5!

23. 马六进七? 车2平6

24. 马七进九 炮2退7!

25. 车七平八 炮9平1

26. 车八进六 车6退3

27. 炮六平九 马3退4

28. 车八平四 士5进6

29. 马九进七 将5进1

30. 马七退六 将5退1

31. 炮一平三 象7退5

32. 马六进七 将5进1

33. 马七退六 将5退1

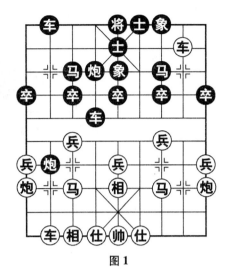

图1

34. 炮三进四 马4进3

35. 炮九进四 马3进1

36. 马六进七 将5平4

37. 炮三平九 炮1进3

38. 马七退八 士6退5

39. 帅五平四 卒9进1

40. 兵五进一 卒9进1

41. 马八退六 马7进8

42. 帅四平五 马8进7

43. 马六进七 将4平5

44. 马七退五 马7退5

45. 马五退六 炮1平6

46. 炮九退二 马5进7

47. 相五进三 炮6退6

48. 马六退五 马7退5

49. 马五进六 马5进4

50. 相三退五 卒9进1

51. 炮九退一 炮6平4

52. 马六进四 炮4平5

53. 帅五平四 马4退5

54. 马四退六 马5进7

55. 帅四退一 炮5进2

56. 相五进三 马7进8

57. 帅四进一 卒9平8

58. 马六退五 炮5退1

59. 炮九退二 马8退9

60. 马五进六 卒8平7

61. 相七进五 炮5进1

62. 炮九平七 士5进4

63. 相三退一 马9退8

64. 炮七进三 炮5退1

65. 相五进三 士6进5

66. 炮七平八 士5进6

67. 炮八进一 炮5进1

68. 马六进五 卒7平6

69. 帅四平五 马8进7

70. 马五退六 卒6平5

71. 帅五平六 象5进3

72. 炮八退五 炮5退4

73. 马六进四 马7退5

74. 马四退五 马5进3

75. 帅六退一 炮5平4

76. 帅六平五　马 3 进 4　　　　**77.** 炮八平六　马 4 退 6（图 2）

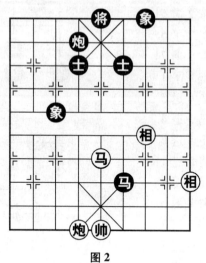

图 2

第 130 局　赵国荣胜朱琮思

1. 相三进五　炮 8 平 4	2. 兵三进一　马 8 进 7
3. 炮二平四　车 9 平 8	4. 马二进三　卒 3 进 1
5. 马八进七　马 2 进 3	6. 炮八进四　象 7 进 5
7. 炮八平七　车 1 平 2	8. 车九平八　炮 2 进 4

9. 仕四进五　士 4 进 5

10. 马三进四　炮 4 进 1

11. 炮四平三　车 8 进 4

12. 马四进三　炮 4 退 1（图 1）

13. 车一平四　车 2 进 3

14. 车八进二　炮 2 退 2

15. 车四进四　炮 4 进 2

16. 马三进五　象 3 进 5

17. 炮三进五　车 2 平 3

18. 兵七进一　炮 4 退 2

19. 马七进六　车 3 平 4

20. 炮三退一　卒 5 进 1

21. 兵七进一　车 4 平 7

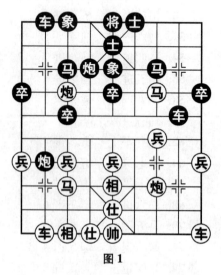

图 1

22. 兵七进一　卒 5 进 1　　23. 兵五进一　马 3 退 4

24. 车八进三　车 8 平 2　　25. 马六进八　车 7 平 3

26. 马八退六　车 3 平 4　　27. 马六退七　马 4 进 2

28. 兵五进一　车 4 平 8　　29. 马七进五　马 2 进 3

30. 马五进七　炮 4 进 6　　31. 仕五退四　炮 4 平 8

32. 车四退一　炮 8 进 1　　33. 仕四进五　炮 8 平 9

34. 帅五平四　马 3 退 4　　35. 车四平六　马 4 进 2

36. 车六平八　马 2 退 3?　　37. 兵五平六　士 5 退 4?

38. 车八平五！车 8 退 1　　39. 马七进八　马 3 进 2

40. 兵三进一　士 6 进 5　　41. 兵三进一　车 8 平 6

42. 帅四平五　象 5 退 3　　43. 车五平二　士 5 退 6

44. 仕五进六　士 4 进 5　　45. 车二平七　象 3 进 1

46. 兵九进一　炮 9 退 1　　47. 车七进三　炮 9 平 8

48. 马八退七　炮 8 平 1　　49. 车七平八　马 2 退 3

50. 兵三平四　车 6 平 2　　51. 车八平五　车 2 平 3

52. 车五退三　马 3 进 4　　53. 兵四平五　马 4 退 6

54. 兵六进一　象 1 退 3　　55. 马七进五　马 6 进 8

56. 马五退三　车 3 进 2　　57. 仕六退五　马 8 进 7

58. 兵五平四　车 3 平 4　　59. 兵六平五　炮 1 平 4

60. 车五平七　象 3 进 1　　61. 车七平五　象 1 进 3

62. 车五平八　车 4 平 6　　63. 车八平六　炮 4 平 2

64. 车六平八　炮 2 平 4　　65. 车八平六　炮 4 平 2

66. 车六进一　炮 2 退 6　　67. 车六平八　炮 2 平 1

68. 兵四平三　车 6 进 2　　69. 兵五平四　车 6 退 2

70. 车八平六　士 5 退 4　　71. 仕五进四　士 6 进 5

72. 仕六进五　炮 1 平 2　　73. 车六平八　炮 2 平 5

74. 兵四平五　炮 5 平 9　　75. 兵五平四　车 6 平 4

76. 车八进二　车 4 进 2　　77. 兵三进一　炮 9 进 4

78. 兵四进一　车 4 平 8　　79. 马三退一　车 8 平 9

80. 车八平三　马 7 进 5　　81. 兵四进一　车 9 平 8

82. 兵三进一　象 3 退 5　　83. 车三平一　车 8 进 3

84. 仕五退四　车 8 退 9　　85. 车一平九　马 5 退 3

86. 车九进一　车 8 进 2　　87. 兵九进一　车 8 平 6

88. 车九进二　士 5 进 4　　89. 仕四进五　车 6 进 1

90. 兵九平八　马3进5　　**91.** 车九退二　车6平4

92. 兵三进一！（图2）

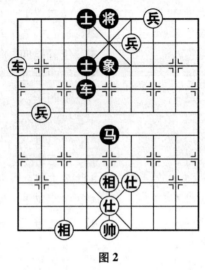

图 2

第四章　红其他变例

第131局　许银川胜程吉俊

1. 相三进五　炮8平4
2. 车一进一　马8进7
3. 车一平六　士6进5
4. 兵七进一　车9平8
5. 马二进四　车8进4
6. 马八进七　马2进3（图1）
7. 车九进一　炮2退1
8. 车六进五　炮2平3
9. 马七进八　卒7进1
10. 兵三进一　象3进5
11. 车六退二　卒3进1
12. 兵七进一　炮3进3
13. 车九平七　车1平3
14. 炮二退二　卒7进1
15. 马四进二　卒7平8
16. 车六平二　车8平6
17. 车二平六　炮3平2
18. 炮八平七　马3退1
19. 炮七进四　炮4平2?
20. 马二进三　车3进2?
21. 马三进二!　车6退3
22. 马八进六　车3平4
23. 车六平四　士5进6
24. 车七平三!（图2）

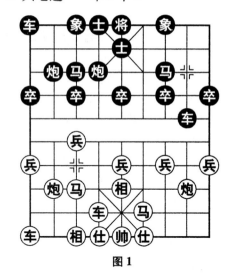

图1

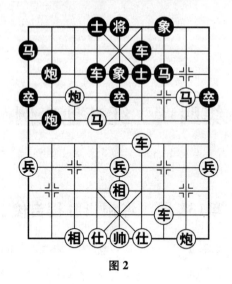

图2

第132局　许银川胜李雪松

1. 相三进五　炮8平4　　2. 车一进一　马8进7

3. 车一平六　士6进5　　4. 兵七进一　车9平8

5. 马二进四　车8进4

6. 马八进七　卒3进1（图1）

7. 兵七进一　车8平3

8. 炮八退一　象3进5

9. 炮八平七　车3平6?

10. 车九平八　马2进4

11. 仕四进五　车1平2

12. 车八进六　车6进4?

13. 车六进六！车6平5

14. 仕六进五　士5进4

15. 马七进六　卒7进1

16. 炮七进七　车2平3

17. 炮二进六　炮2退2

18. 马六进七　马4进6

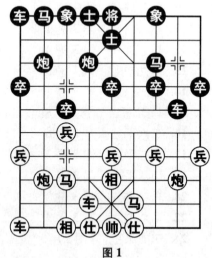

图1

19. 炮七平三！象5进3

20. 炮二进一　象7进9

21. 炮二平一　车3进1

22. 炮三进一　马7退8

23. 炮三退三　马8进7

24. 车八进三　马6进5　　　　　**25.** 马七退五　卒5进1

26. 炮三平六（图2）

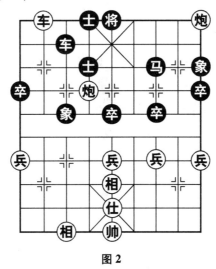

图2

第 133 局　庄玉庭胜孟辰

1. 相三进五　炮8平4　　　　　**2.** 马八进九　马8进7

3. 车九进一　车9平8　　　　　**4.** 车九平六　士4进5

5. 马二进一　卒3进1　　　　　**6.** 车一平二　马2进3（图1）

7. 炮二平三　车8进9

8. 马一退二　炮2平1

9. 炮八进四　车1平2

10. 炮八平三　象7进5

11. 车六进五　炮1进4

12. 马二进四　车2进5

13. 兵七进一　卒3进1

14. 车六平七　马3退4

15. 相五进七　车2退1

16. 车七平五　车2平6

17. 车五平九　车6进4

18. 车九退三　马4进3？

19. 马九进七　马3进2

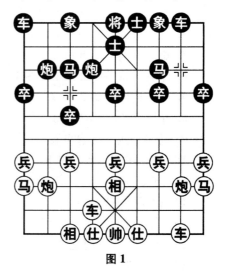

图1

20. 车九平八　马2进4？　　**21.** 马七进五！马4进3

22. 仕六进五　车6退2　　　**23.** 车八平七！马3退5

24. 前炮平九　马7进6　　　**25.** 炮九平五　象3进1

26. 车七平六（图2）

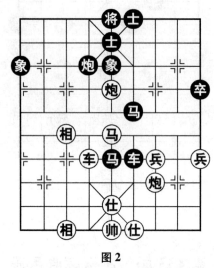

图2

第 134 局　洪智负王天一

1. 相三进五　炮8平4　　　**2.** 车一进一　马8进7

3. 车一平六　士4进5

4. 马八进九　车9平8

5. 炮八平七　车8进4

6. 车九平八　炮2进2（图1）

7. 车八进四　炮2平4

8. 车六平八　马2进3

9. 马二进四　后炮平6

10. 炮二平三　象3进5

11. 炮三进四　车1平4

12. 前车平三？车8进4！

13. 炮七进四？炮4平6！

14. 炮七平六　前炮进5

15. 马四进六　车8进1

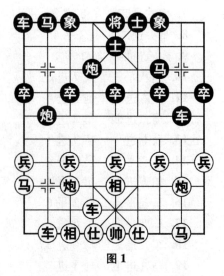

图1

16. 相五退三　前炮退6

17. 炮六平四　车4进7

18. 车八平三　车4平6

19. 炮四平九　马3进1

20. 炮三平九　马7进6

21. 仕六进五　车6平3

22. 仕五退六　马6进5

23. 前车进二　车3平7

24. 前车平二　车8平7

25. 车三退一　车7进2

26. 帅五进一　车7平4（图2）

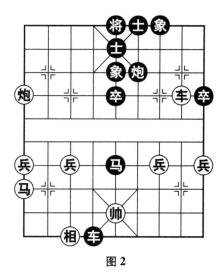

图 2

第 135 局　柳大华胜薛文强

1. 相三进五　炮8平4

2. 马八进七　马8进7

3. 车九进一　车9平8

4. 马二进四　车8进4

5. 车一平二　马2进3

6. 炮二平三　车8平6（图1）

7. 车二进四　卒3进1

8. 炮八进四　象7进5

9. 炮八平七　车1平2

10. 马四进二　卒5进1

11. 车二平六　士4进5

12. 仕六进五　炮2进5

13. 车六进二　卒7进1

14. 兵三进一　车2进3

15. 兵三进一　车6平7

16. 炮三退二　车7进3

17. 马二进三　马7进8

18. 仕五进四　马8进6

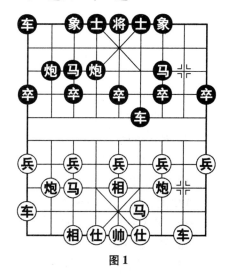

图 1

19. 车九平八　炮2退1?

20. 车六平四! 马6进4?

21. 炮七平一! 车2平6

22. 马三进四　炮4退1

23. 马四退三　士5进6

24. 炮一平三　车7平9　　**25.** 车八进二　卒5进1
26. 仕四进五　马4进3　　**27.** 帅五平四　炮4进3
28. 马三进五　车9平7　　**29.** 马五进六（图2）

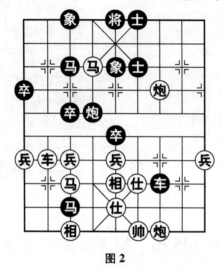

图2

第 136 局　崔岩负李智屏

1. 相三进五　炮8平4　　　**2.** 马八进九　马8进7
3. 车九进一　车9平8　　　**4.** 车九平六　马2进3
5. 车六进五　马7退5
6. 车六平七　炮2退1（图1）
7. 马二进四　炮2平3
8. 车七平八　车8进4
9. 车一平二　炮4平9
10. 炮二平一　车8进5
11. 马四退二　马3进4
12. 车八平五　车1平2
13. 炮八平七　炮3进6
14. 炮一平七　象3进5
15. 车五平六？马4进5
16. 炮七退一　后马进3
17. 马二进四　马5退6

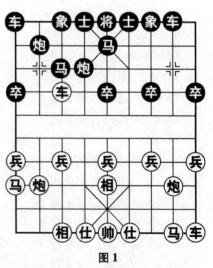

图1

18. 车六平三　车 2 进 7
19. 炮七进六　炮 9 平 3
20. 车三退二　卒 1 进 1！
21. 车三平四　马 6 退 4
22. 马四进五　士 6 进 5
23. 兵九进一　炮 3 平 1
24. 马五进六　炮 1 进 3
25. 车四进二　炮 1 平 4
26. 马九进八　卒 1 进 1
27. 马六进八？马 4 进 5！
28. 前马进七　炮 4 退 4
29. 车四退二　车 2 退 2（图 2）

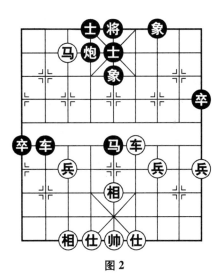

图 2

第 137 局　刘殿中胜王嘉良

1. 相三进五　炮 8 平 4
2. 马二进四　马 8 进 7
3. 车一平二　马 2 进 1
4. 马八进七　车 1 进 1
5. 车九进一　象 7 进 5
6. 车九平六　炮 4 平 3（图 1）
7. 车六进五　炮 2 进 1？
8. 车六进一　车 1 平 3
9. 兵七进一　士 6 进 5
10. 车六退二　炮 3 平 4
11. 马七进六　卒 3 进 1
12. 炮二进六　车 3 进 1
13. 炮八平七　炮 4 进 3？
14. 兵七进一！车 3 平 4
15. 车六进二　士 5 进 4
16. 炮二平六！炮 4 平 3
17. 相五进七　车 9 进 1
18. 炮六平二　象 5 进 3

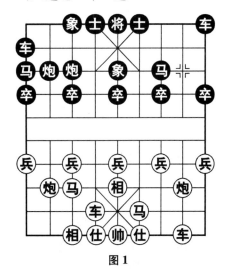

图 1

19. 炮七进三　卒 7 进 1
20. 相七退五　象 3 进 5
21. 炮七退四　士 4 进 5
22. 炮七进六　马 7 进 6
23. 炮二退三　马 1 退 2

24. 炮七进一　士5退6
25. 炮二进三　车9进1
26. 车二进四　马2进1
27. 炮七平九　马1进3
28. 车二平七　马6进4
29. 炮二退二　卒5进1
30. 炮二平八　车9退1
31. 炮八退二（图2）

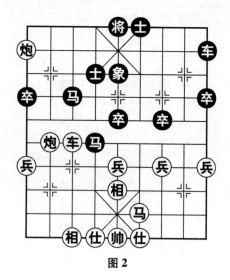

图2

第138局　朱晓虎负陈翀

1. 相三进五　炮8平4
2. 车一进一　马8进7
3. 车一平六　士4进5
4. 马八进七　车9平8
5. 马二进四　车8进4
6. 兵七进一　炮4平6（图1）
7. 炮二平三　象3进5
8. 车九进一　马2进3
9. 兵五进一　车8平6
10. 兵三进一　卒3进1
11. 马四进五　炮2进4
12. 兵七进一　车6平3
13. 马五进七　马3进4
14. 车六进二　车3进1
15. 车六平八　车3平5
16. 车九平六　马4进6
17. 车六进三　卒5进1
18. 炮三平二　车5平4

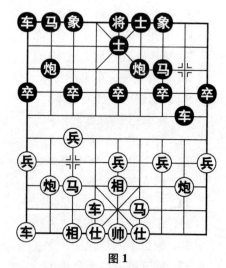

图1

19. 马七进六　卒5进1
20. 马六进七　车1平3
21. 马七退五　炮6进1
22. 炮二进二　车3进4！
23. 马五退七？　马7进5

24. 炮八平七　车3平4

25. 马七进八？炮6平2

26. 车八进三　卒5进1

27. 炮七平九　卒5进1

28. 车八退五　卒5平4

29. 仕四进五　卒4进1

30. 炮九进四　马6进5！

31. 车八进一　卒4进1（图2）

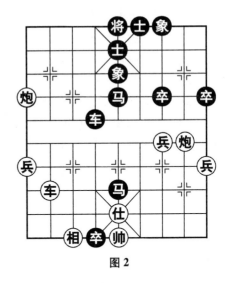

图2

第 139 局　王斌胜于幼华

1. 相三进五　炮8平4

2. 车一进一　马8进7

3. 车一平六　马2进3

4. 马八进九　士4进5

5. 炮八平七　车1平2

6. 车九平八　炮2进4（图1）

7. 兵七进一　车9平8

8. 马二进四　象3进1

9. 炮二平三　炮4平6

10. 炮三进四　象7进5

11. 车六进三　卒3进1

12. 兵七进一　象1进3

13. 兵九进一　车8进8？

14. 马四进二　马7退9？

15. 炮七进五　炮6平3

16. 马二进三　马9进8

17. 炮三平一！马8退6

18. 炮一平四　车8平1

19. 车八进二　车1平6

20. 仕六进五　车2进2

21. 车六退一　炮2退2

22. 车八进二　象3退1

23. 仕五进四　车6退1

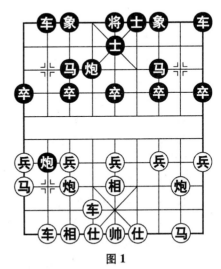

图1

24. 马九进七　车 6 退 3

25. 车六进二！车 6 平 4

26. 马七进六　炮 3 退 2

27. 马六退七　炮 3 平 2

28. 马七进八　炮 2 进 4

29. 炮四平九　马 6 进 7

30. 仕四进五　象 1 进 3

31. 炮九平六　车 2 平 4

32. 炮六平八（图 2）

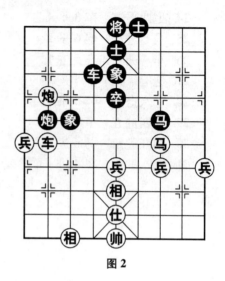

图 2

第 140 局　才溢负郑惟桐

1. 相三进五　炮 8 平 4　　**2.** 炮八平六　马 8 进 7

3. 马八进七　炮 2 平 3　　**4.** 车九平八　马 2 进 1

5. 马二进一　车 9 平 8

6. 车一平二　车 1 平 2（图 1）

7. 车八进九　马 1 退 2

8. 炮二进四　炮 3 进 4

9. 炮六进二　卒 7 进 1

10. 炮六平二　车 8 平 9

11. 后炮平一　车 9 平 8

12. 炮一平二　车 8 平 9

13. 前炮平七　象 7 进 5

14. 车二进一？士 6 进 5

15. 车二平八　马 2 进 1

16. 炮七进一　车 9 平 8

17. 兵一进一？马 7 进 6

18. 车八平四　马 6 进 4

20. 炮七退七　马 4 进 3

22. 炮七进一　卒 5 进 1

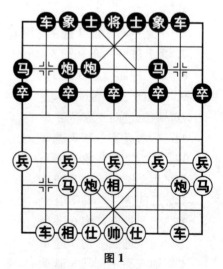

图 1

19. 车四进三　炮 3 进 3！

21. 兵九进一　车 8 进 3

23. 炮七平二　车 8 平 4

24. 仕六进五　马1进3
25. 前炮进五　后马进4
26. 前炮平一　士5进6
27. 相五退七　炮4平2
28. 仕五进六　马4进2
29. 仕四进五　马2进4!
30. 仕五进六　车4进4
31. 帅五平四　车4平8
32. 车四平二　车8平9
33. 车二进五　将5进1
34. 车二退一　将5退1
35. 车二进一　将5进1（图2）

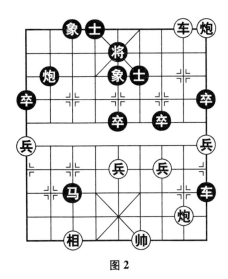

图 2

第 141 局　苗永鹏胜郝继超

1. 相三进五　炮8平4
2. 炮二平三　马8进7
3. 炮三进四　卒3进1
4. 马二进三　马2进3
5. 车一平二　象7进5
6. 马八进九　卒1进1（图1）
7. 炮八平六　车1平2
8. 车九进一　炮2平1
9. 车九平七　车2进7
10. 仕四进五　马3进2
11. 炮三平四　炮1平3?
12. 炮四退四　马2进3
13. 炮六平七　车2退3
14. 车七平六　士6进5
15. 兵三进一　卒3进1
16. 车六进五　马3进1
17. 炮七进五　马1退3
18. 马三进四　车2平3?
19. 炮七退三　马3进2
20. 炮四进一　炮4平1
21. 车六平九　卒9进1
22. 兵九进一　卒1进1
23. 车九退二　车3平2

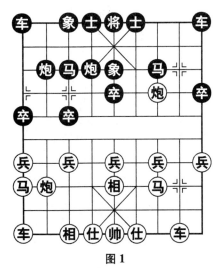

图 1

24. 车九进二　车9进3
25. 车二进三　卒9进1
26. 兵一进一　车9进2
27. 炮四退三　车9进4
28. 兵五进一　车9退5
29. 马四进三　车9平8
30. 车二进二　车2平8
31. 马三进五！象3进5
32. 车九进一　士5进4
33. 车九平六　将5进1
34. 车六退四　车8平1
35. 炮四进三！马7进6
36. 车六平八（图2）

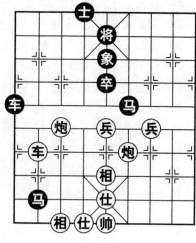

图2

第142局　黄海林负赵玮

1. 相三进五　炮8平4
2. 马八进九　马8进7
3. 车九进一　卒1进1
4. 车九平六　士6进5
5. 马二进一　马2进1
6. 车六进四　炮2平3（图1）
7. 兵九进一？卒1进1
8. 车六平九　马1退3！
9. 车九平八　炮4平5
10. 仕四进五　炮5进4
11. 车一平四　车9平8
12. 车四进三　炮5退2
13. 炮二平三　卒1进1
14. 马九退八　车1进5
15. 车八进三　马3进5
16. 车八进一　马5退3
17. 炮三进四　马3进1
18. 车八平七　炮3平6
19. 车四进三？车1平2！
20. 炮八平六　车2进4
21. 车七平九　车2退7
22. 炮三平五　炮6平5
23. 车四进一　车8进3

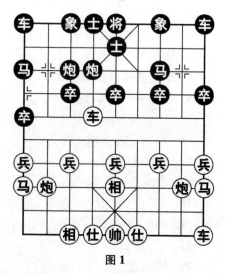

图1

24. 炮五进二　后炮进5

25. 炮五退六　炮5平3

26. 车四平五　将5平6

27. 车九平六　将6进1

28. 车六退一　将6退1

29. 车五进二　将6平5

30. 相七进九　车2平6

31. 车六退四　卒1进1

32. 兵三进一　炮3平9

33. 车六平五　将5平6

34. 炮五平四　车6平5

35. 车五平四　将6平5

36. 马一进三　车8进6

37. 炮四退二　马7进8（图2）

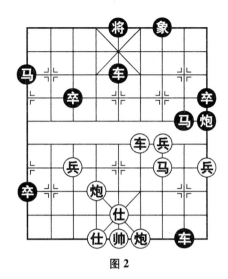

图2

第 143 局　庄玉庭负谢岿

1. 相三进五　炮8平4

2. 炮二平四　马8进7

3. 马二进三　车9平8

4. 兵三进一　马2进3

5. 马八进七　车8进4

6. 马三进四　象3进5（图1）

7. 车九进一　士4进5

8. 车一进一　卒3进1

9. 炮八进四　卒7进1

10. 车一平三　车8进2

11. 车九平四　车8平6

12. 炮四平三　车6进2

13. 车三平四　卒7进1

14. 相五进三　马3进2

15. 相三退五　车1平4

16. 马四进六　炮4退1

17. 马六进四　炮4平3

18. 车四进三？马2进3

19. 炮八平七　马3退4!

20. 车四平八　车4进2

21. 马四退三　马7进8

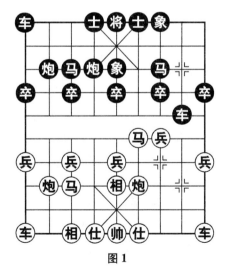

图1

22. 马三进二? 卒 3 进 1!

23. 车八退三　马 4 进 2

24. 车八平二　马 8 进 9

25. 车二进二　马 2 退 3

26. 车二平一　卒 3 进 1

27. 炮三进五　车 4 进 2

28. 炮三平八　卒 3 进 1

29. 兵五进一　卒 3 平 4

30. 仕六进五　卒 4 进 1

31. 炮八退五　车 4 平 3

32. 相七进九　车 3 进 3

33. 车一平八　车 3 平 5

34. 车八进六　士 5 退 4

35. 炮八平六　士 6 进 5

37. 马二退四　马 4 进 3（图 2）

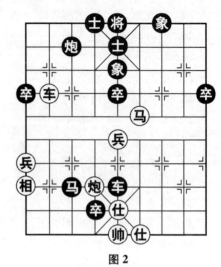

图 2

36. 车八退三　马 3 进 4

第 144 局　柳大华胜王从祥

1. 相三进五　炮 8 平 4

2. 马八进七　马 8 进 7

3. 车九进一　马 2 进 1

4. 兵七进一　车 9 平 8

5. 马二进四　车 8 进 4

6. 车一平二　车 1 进 1（图 1）

7. 车九平六　炮 4 平 6

8. 兵三进一　象 7 进 5

9. 炮二平三　车 8 进 5

10. 马四退二　车 1 平 8

11. 马二进四　士 6 进 5

12. 兵三进一!　象 5 进 7

13. 马四进三　车 8 进 5

14. 马三进四　车 8 平 6

15. 马四退六　车 6 进 1

16. 车六平三　炮 6 平 4

17. 仕四进五　车 6 退 7

18. 炮八进四　炮 4 进 2

19. 炮三进四　卒 5 进 1

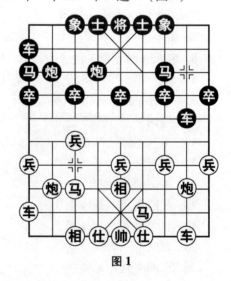

图 1

20. 兵五进一! 卒 5 进 1

21. 车三进四 卒 5 平 4

22. 车三平六 卒 4 平 3

23. 马七进五 前卒平 2?

24. 炮三平五 炮 2 平 5

25. 车六平三 马 7 进 5

26. 炮八平五 车 6 进 3

27. 车三进四 车 6 退 3

28. 车三退三 车 6 进 6

29. 马五进六 将 5 平 6

30. 马六进四 士 5 进 6

31. 马四退三 车 6 平 8?

32. 炮五平四 将 6 平 5

33. 马三进五 车 8 进 3

34. 炮四退六 士 4 进 5

35. 车三进三 士 5 退 6

36. 马五进四 将 5 平 4

37. 车三平四 将 4 进 1

38. 车四平五 (图 2)

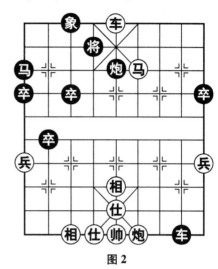

图 2

第 145 局　　胡荣华胜杨官璘

1. 相三进五 炮 8 平 4

2. 马八进七 马 8 进 7

3. 兵七进一 马 2 进 1

4. 马七进六 炮 2 进 3

5. 马六进四 象 7 进 5

6. 车九进一 卒 7 进 1 (图 1)

7. 车九平六 士 6 进 5

8. 马四进三 炮 4 平 7

9. 马二进四 车 9 平 8

10. 车一平二 车 1 进 1?

11. 炮二进六 士 5 退 6?

12. 炮二平五! 车 8 平 9

13. 炮五退二 士 4 进 5

14. 马四退二 马 1 退 3

15. 车六进四 炮 2 退 2

16. 炮五平八 马 3 进 2

17. 车六进一 马 2 退 3

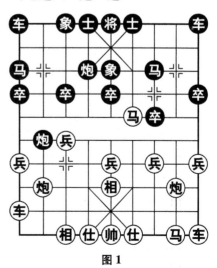

图 1

18. 车六平三	车1平2	19. 炮八平九	炮7退2
20. 马二进四	车2进2	21. 车三平一	马3进1
22. 车一平三	车2进3	23. 兵九进一	车2平1
24. 马四进二	炮7平9	25. 兵五进一	士5进6

26. 马二进一　炮9进6
27. 仕四进五　车1退1
28. 马一进二　车1进1
29. 马二进三　将5进1
30. 车三平一　炮9平8
31. 车一进二！将5平4
32. 炮九平六　将4退1
33. 兵五进一　车1平5
34. 车一退二　将4进1
35. 兵五平六　车5平4
36. 兵六进一　炮8退4
37. 兵六进一　将4平5
38. 车一进二　炮8平7
39. 兵六进一（图2）

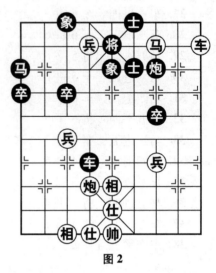

图2

第146局　李少庚负赵玮

1. 相三进五　炮8平4
2. 炮二平四　马8进7
3. 马二进三　车9平8
4. 兵七进一　卒7进1
5. 马八进七　马2进3
6. 车一进一　车8进6（图1）
7. 马七进六　炮2退1
8. 炮八平六　炮4平6
9. 车九平八　车1进1
10. 炮四进一　车8平7
11. 炮四进三　车7平8
12. 炮四平七　象3进5
13. 车一平四　士4进5

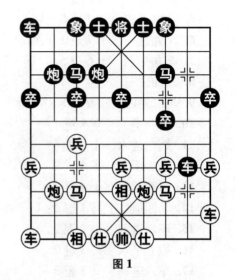

图1

14. 车四进五 炮2平4

15. 马六进五 马3进5

16. 车四平五 炮6进5

17. 车八进九 炮4退1

18. 车五平六 炮6平4

19. 车六退四 车1平3

20. 车八退三 卒7进1！

21. 兵五进一？ 车8平7

22. 马三退五 车7平5

23. 马五进七 车5退1

24. 仕六进五 车5退2

25. 马七进八 卒7平6

26. 车六进六 车3进1

27. 车八平九 卒6平5

28. 兵九进一 卒5进1

29. 炮七平六 卒5进1

30. 相七进五 车5进4

31. 车九进三 炮4平3

32. 炮六平七 炮3平4

33. 兵七进一？ 象5进3

34. 车九平八 马7进5

35. 车六退二 马5进6

36. 马八进九 车3退1

37. 车八退六 士5进4！

38. 车六进一 车3进2

39. 马九进七 士6进5（图2）

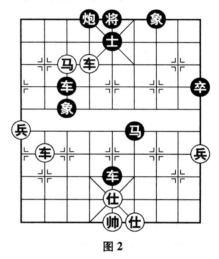

图2

第147局 柳大华负王跃飞

1. 相三进五 炮8平4

2. 马八进七 马8进7

3. 车九进一 车9平8

4. 马二进四 卒3进1

5. 炮八进四 马2进3

6. 炮八平三 马3进4（图1）

7. 车一平二 象7进5

8. 炮二平一？ 车8进9

9. 马四退二 炮2平3

10. 马二进四 车1进1

11. 仕六进五？ 卒1进1

12. 兵五进一 车1平6

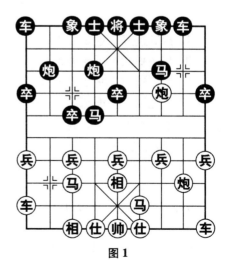

图1

183

13. 马四进二	车6进2	14. 炮三退二	马7进6
15. 马二退四	士6进5	16. 兵七进一	马6进8
17. 炮一平四	卒3进1	18. 炮三平七	马8进9
19. 炮七平六	炮4进3	20. 马七进六	马9退7
21. 马四进二	马7退5	22. 马二进三	车6进3
23. 车九平八	车6平4	24. 马六退八	马4进3
25. 车八进一	车4退2	26. 马三退五	车4平2

27. 马五进七　马5进6

28. 仕五进四　车2进1!

29. 仕四退五　象5进3!

30. 兵一进一　象3进5

31. 仕五进四　炮3退1

32. 仕四进五　士5进6

33. 帅五平四　炮3平2

34. 车八平七　车2进1

35. 马七进九　车2平1

36. 马九进八　马3退5

37. 车七进二　马5退7

38. 马八退六　炮2平6

39. 车七进一　车1平4（图2）

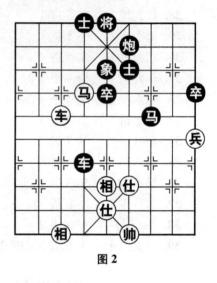

图2

第 148 局　王斌负郑惟桐

1. 相三进五	炮8平4	2. 车一进一	马8进7
3. 车一平六	士4进5	4. 马八进七	车9平8
5. 马二进四	马2进3	6. 兵七进一	车8进4
7. 车九进一	炮2进2	8. 车六进五	炮4平6（图1）
9. 车六平七	象3进5	10. 兵七进一	炮2退3
11. 马七进六	炮2平3	12. 车七平八	炮3进3
13. 炮八平六	炮3平6	14. 马六进四	车8平6
15. 马四退二	卒7进1	16. 车八平七	车6进2
17. 炮六平七?	马7进6!	18. 炮二平四	马6进4
19. 车七退二	马4进3	20. 炮四平七	马3进4
21. 车七平六	车1平3	22. 炮七平六	马4退6

· 184 ·

23. 马二进三 车6平7	**24.** 车九平二 马6进7!
25. 相五进三 车7进1	**26.** 相三退五 车7退1
27. 车六平五 炮6进4	**28.** 仕四进五 炮6平1
29. 车五进二 车3进6	**30.** 车五平九? 炮1平5
31. 帅五平四 车7平9	**32.** 车二进五 炮5进2
33. 仕六进五 车9进3	**34.** 帅四进一 车9退1
35. 帅四退一 车9进1	**36.** 帅四进一 车9退1
37. 帅四退一 车9进1	**38.** 帅四进一 车9退1
39. 帅四退一 车9平5	**40.** 车二平四 车5平4
41. 车四平七 车3平8（图2）	

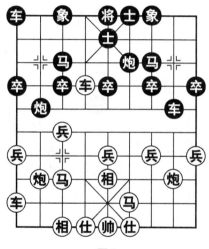

图1

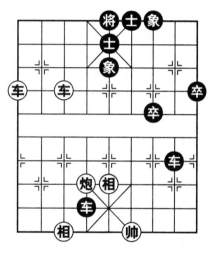

图2

第 149 局　李来群胜臧如意

1. 相三进五 炮8平4	**2.** 炮二平三 马2进1
3. 兵九进一 炮2平3	**4.** 马八进九 车1平2
5. 车九平八 车2进4	**6.** 炮八平七 车2平5（图1）
7. 马二进四 马8进9	**8.** 车八进六 象7进5
9. 马九进八 士6进5?	**10.** 马八进七 马1进3
11. 车八平七 炮3平2	**12.** 车七进三 车9平6
13. 车七平八! 车6进8	**14.** 车八退二 车6平4
15. 仕四进五 车5进2	**16.** 炮三退一 车4退3?

17. 兵七进一 车5平7
18. 炮三退一 车7平8
19. 兵一进一 车4退2
20. 车八退二 象5进7
21. 车一进二 车8平6
22. 车一平二 炮4平5
23. 兵七进一 车4进2
24. 兵七平六 车6平3
25. 炮七平九 车3平1
26. 车二平四 车4平9
27. 兵六进一 炮5平8
28. 车四平二 炮8进3
29. 炮九平七 车1平3
30. 炮七平九 车3平1
31. 兵六平五 炮8平5
32. 车八平四 车1退1
33. 车二进五 炮5进1
34. 炮九平七 车1平3
35. 车四平五 炮5平4
36. 车五退二 车3进2
37. 车五平六 车3退2
38. 车六平二 车3平6
39. 兵五进一! 车6退5
40. 后车进三 车6平9
41. 兵五进一 士4进5
42. 后车平三（图2）

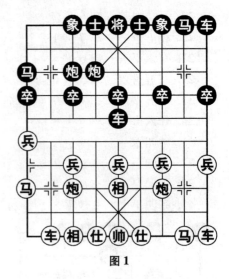

图 1

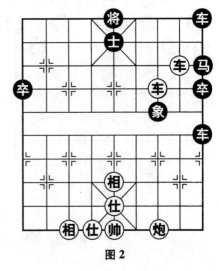

图 2

第 150 局　王斌胜黄仕清

1. 相三进五 炮8平4
2. 车一进一 马8进7
3. 车一平六 炮4平6
4. 兵七进一 车9平8
5. 马二进四 卒7进1
6. 马八进七 象3进5（图1）
7. 车九进一 马2进3
8. 车九平七 炮2进2
9. 马七进六 炮2平4
10. 马六进四 马7进6

186

11. 车六进四　马6退7

12. 车六进一　车1进2

13. 炮八平七　炮6进1

14. 车六退二　车1平2

15. 车六平四　车8进3

16. 炮二平四　炮6进4

17. 车四退二　卒5进1

18. 车四进五　车8平7

19. 马四进二　士4进5

20. 车四退二　车7平5

21. 车四进三　车2进4

22. 炮七进一　马3退1?

23. 兵三进一　车5平8?

24. 马二进四！卒7进1

26. 兵五进一　车8平5

28. 车四退四　卒8进1

30. 车四平二　马1退3

32. 车七平二　马3进4

33. 炮七进一　马7进6

34. 车二平八　象5退3

35. 车八平四　马6退8

36. 车四平三　马8退6

37. 车三进三　车5平7

38. 马五进三　马6进7

39. 兵五进一　马7进6

40. 兵五平四　马6进4

41. 帅五进一　卒1进1

42. 炮七退一　前马退2

43. 炮七平一　马2退4

44. 马三退二（图2）

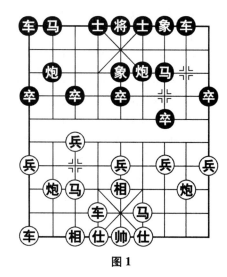

图1

25. 马四进五　卒7平8

27. 炮七进三　车2平5

29. 车七进二！前车平7

31. 车二退一　车7平8

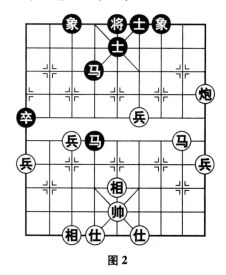

图2

第151局　赵国荣负洪智

1. 相三进五　炮8平4

2. 炮二平四　马8进7

3. 马二进三　车9平8

4. 马八进七　卒7进1

5. 兵七进一　马2进1

6. 兵九进一　车1进1（图1）

7. 仕四进五　象7进5

8. 兵三进一　卒7进1

9. 相五进三　卒3进1

10. 兵七进一　车1平3

11. 相三退五　车3进3

12. 炮八退一　车8进6

13. 炮八平七　车3平2

14. 马三进四　车8退1

15. 马四退三　车8进1

16. 马七进六　车2进1

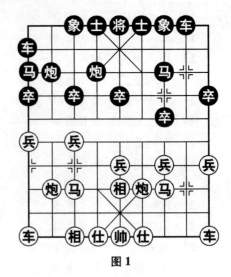

图 1

17. 马六退七　车2退1

18. 马三进四　车8退1

19. 马四退三　车8进1

20. 车一平三　车8平7

21. 车九进三　士4进5

22. 兵一进一　车2进4

23. 炮四退一　炮4进6

24. 炮四平六　车2平3

25. 炮六进二　车7退2

26. 马七进六　炮2平3

27. 炮六退一？车3退3！

28. 车九平六　车3平1

29. 车三平四？炮3平4！

30. 马六退四　车7进2

31. 炮六进五　士5进4

32. 马三退一　车1平9

33. 马一退三　车9进1

34. 马三进二　车9平8

35. 车四平三　马7进8

36. 车三进三　马8进7

37. 马二退三　马7进6

38. 兵五进一　马1进3

39. 车六进三　马3进2

40. 马四退六　马2进4

41. 车六平五　马4退6

42. 车五平四　车8进3

43. 帅五平四　后马退8

44. 车四平三　马8进7（图2）

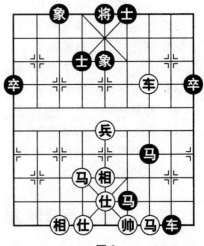

图 2

第 152 局　李来群胜徐天红

1. 相三进五　炮 8 平 4

2. 炮二平三　马 8 进 7

3. 炮三进四　车 9 平 8

4. 马二进三　象 7 进 5

5. 兵三进一　马 2 进 1

6. 兵九进一　炮 2 平 3（图 1）

7. 炮八平六　车 1 平 2

8. 马八进九　车 8 进 4

9. 车一平二　车 8 平 2

10. 车二进六　前车进 3

11. 仕四进五　炮 3 进 4

12. 炮三平四　炮 3 平 1

13. 马九退八　炮 1 平 3

14. 兵三进一　前车进 2

15. 车九平八　车 2 进 9

16. 兵三进一　马 7 退 5

17. 车二退一　车 2 退 4?

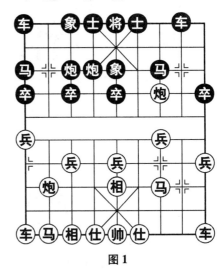

图 1

18. 炮四平一　马 5 退 7

19. 马三进二　炮 3 退 2

20. 炮一平五　士 4 进 5

21. 炮五退二　车 2 进 1

22. 车二平五　车 2 平 4

23. 炮六进五　车 4 退 4

24. 兵一进一　马 1 退 3

25. 兵一进一　车 4 进 3

26. 车五进一　车 4 退 2

27. 车五平六　马 3 进 4

28. 炮五进二　炮 3 平 2

29. 兵一进一　卒 3 进 1

30. 兵一平二　马 4 退 3

31. 兵三进一　将 5 平 4?

32. 兵三进一　马 7 进 9

33. 兵二平三　炮 2 退 3

34. 前兵平二!　马 3 进 2

35. 兵二平一　马 2 进 1

36. 马二进四　炮 2 平 9

37. 马四进六　卒 1 进 1

38. 炮五退一　炮 9 进 3

39. 炮五平六　将 4 平 5

40. 兵五进一　马 1 进 3

41. 马六进七　将 5 平 4

42. 炮六退二　炮 9 退 3

43. 马七退八　将 4 平 5

44. 兵五进一　卒 1 进 1

45. 兵三进一　卒 1 平 2

46. 兵三进一　卒 3 进 1

47. 兵五进一　炮 9 进 3

48. 炮六进二!（图 2）

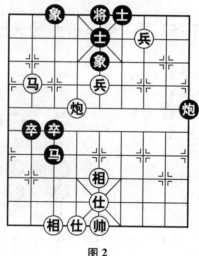

图2

第153局　王琳娜胜陈青婷

1. 相三进五　炮8平4　　2. 炮二平四　马8进7
3. 马二进三　车9平8　　4. 马八进七　卒3进1
5. 兵三进一　马2进3　　6. 马三进四　车8进6
7. 仕四进五　车8平6
8. 马四进三　象3进5（图1）
9. 车一平三　炮2进1
10. 兵三进一　炮2进1
11. 兵七进一　卒3进1
12. 相五进七　马3进4
13. 炮八进一　车6退1
14. 相七进五　炮2平7
15. 炮八进四　车1平2
16. 车九平八　炮4平3
17. 车三进三　车6平8
18. 兵五进一　马4进6
19. 兵五进一　炮3进1
20. 炮八退一　车2进3

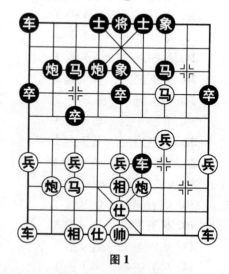

图1

21. 马三进五　车2进6？
22. 马五进七　将5进1
23. 后马退八　炮7退1

24. 兵五平四　马6退8
25. 车三平六　马8进6
26. 车六平三　马6退8
27. 车三平四　炮7平8
28. 兵四平三　车8进1
29. 车四进四　炮8退1
30. 马七退六　将5平4
31. 车四进一　士4进5
32. 炮四退一　车8进3?
33. 仕五退四　将4退1
34. 炮四平六　士5进4
35. 车四平七!　炮3平2
36. 车七进一　将4进1
37. 车七平五!　炮2平3
38. 马六退五　士4退5
39. 马五退六　炮3平4
40. 马六进八　士5进4
41. 前马进六　炮4进1
42. 炮六进四　士4退5
43. 炮六平八　马8进7
44. 马六进七　将4进1
45. 车五平七　后马退8
46. 炮八进二　炮8进1
47. 车七退二　将4退1
48. 车七进一　（图2）

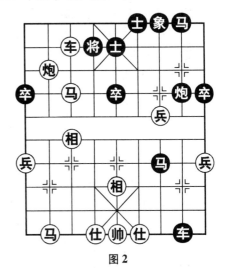

图2

第154局　赵国荣胜徐天红

1. 相三进五　炮8平4
2. 炮二平四　马8进7
3. 马二进三　车9平8
4. 兵七进一　卒7进1
5. 马八进七　象3进5
6. 车九进一　士4进5（图1）
7. 车九平六　马2进3
8. 马七进八　炮2退2
9. 车六进三　炮2平4
10. 车六平四　后炮平3
11. 炮八平七　车1进2
12. 兵三进一　车8进4

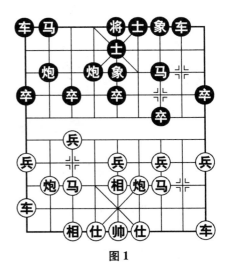

图1

13. 车一平二　车8进5　　14. 马三退二　卒7进1

15. 车四平三　车1平2　　16. 马八进七　炮3进3

17. 炮七进四　车2进2　　18. 马二进三　马7进6

19. 车三平四　马6退7　　20. 车四平三　马7进6

21. 炮四退一　卒9进1　　22. 炮四平三　将5平4

23. 仕四进五　车2平4　　24. 车三平四　卒1进1

25. 马三退一　马3退2　　26. 炮七平八　车4平2?

27. 马一进二!　马2进1　　28. 马二退四　车2退1?

29. 车四进一　车2进1　　30. 车四进一!　车2平8

31. 车四平五　马1进3　　32. 马四进三　马2进4

33. 车五平四　车8进2　　34. 兵五进一　马4进3

35. 车四平六　马3退5　　36. 马三进四　马5进7

37. 仕五退四　车8平6

38. 仕六进五　炮4退1

39. 兵五进一　马7退6

40. 马四退三　车6平1

41. 兵七进一　车1平4

42. 兵七平六　车4平7

43. 炮三平二　车7平8

44. 炮二平一　象5进7

45. 炮一进四　炮4进1

46. 炮一进一　马6进4

47. 车六平七　将4平5

48. 炮一平五　象7进5

49. 兵六进一　炮4退2

50. 兵六进一（图2）

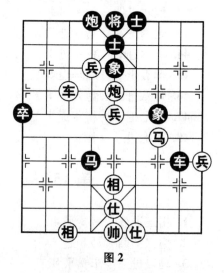

图 2

第 155 局　柳大华和吕钦

1. 相三进五　炮8平4　　2. 马八进七　马8进7

3. 车九进一　马2进1　　4. 兵七进一　车9平8

5. 马二进四　车8进4　　6. 车一平二　卒3进1

7. 炮二平三　车8进5　　8. 马四退二　卒3进1（图1）

9. 相五进七　象3进5　　10. 相七退五　车1平3

11. 车九平六　士4进5

12. 车六进五　卒1进1

13. 车六平九　车3进4

14. 炮八退一　卒7进1

15. 马二进四　马7进8

16. 炮八平七　车3平4

17. 车九平八　炮2退2

18. 炮三退一　炮2平4

19. 兵五进一　马1进2

20. 车八平五　车4进2!

21. 车五平八　马2退4

22. 兵五进一　马4进5

23. 仕四进五　马8进7

24. 马四进三　车4平7

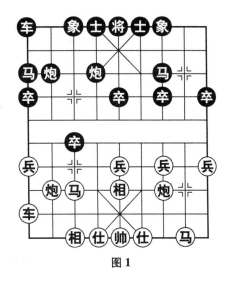

图1

26. 炮七进四　象5进3

28. 炮四平三　象7进5

30. 炮三进一　前炮平3

32. 车八进三　前炮退1

34. 马七退九　卒7进1!

36. 炮三平一　卒7进1

38. 车八退一!　前炮进1

39. 仕五退四　象5退7

40. 仕六进五　前炮平6

41. 炮一平五　将5平4

42. 车八退四　车3进2

43. 车八平六!　车3平1

44. 兵六进一　士5进4

45. 车六进四　将4平5

46. 车六平四　车1退2

47. 车四平五　将5平4

48. 车五平九　炮3进8

49. 车九平六　将4平5

50. 车六平七　车1平5

51. 车七退六　车5退3（图2）

25. 车八退二　马5退3

27. 炮三平四　车7平6

29. 兵五进一　车6平3

31. 兵五平六　炮4平3

33. 车八进一　象3退1

35. 兵一进一　卒7进1

37. 炮一进四　卒7进1

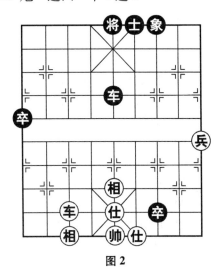

图2

193

第156局　胡荣华胜丁如意

1. 相三进五　炮8平4
2. 马二进四　马8进7
3. 车一平二　马2进1
4. 马八进七　车1进1
5. 车九进一　车1平6
6. 炮二平一　士6进5（图1）
7. 兵七进一　车6进3
8. 车二进四　象7进5
9. 马七进六　车6退1
10. 马六进七　炮2平3
11. 马七退六　车9平6
12. 炮一平四　前车进2
13. 炮四进七　车6平8
14. 马六进四　卒7进1
15. 前马进三　炮4平7
16. 炮四平一　车8进3
17. 车九平八　炮7进4
18. 马四进六　车8平2

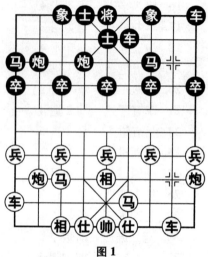

图1

19. 马六退八　卒1进1
20. 炮八平九　马1进2
21. 炮九进三　马2进1?
22. 马八进六　马1进3
23. 仕四进五　炮7平6
24. 兵七进一　马3退4
25. 相五进七　炮6平8
26. 炮九退一　马4退6
27. 兵七进一　炮3退1
28. 相七退五　炮8退1
29. 炮九进二　炮8退2
30. 炮九平五　炮8平3
31. 兵五进一　将5平6?
32. 帅五平四!　士5进6
33. 兵五进一　马6进7
34. 炮五平三　马7进8
35. 帅四平五　后炮平9
36. 兵一进一　炮9平5
37. 马六进七　象5进3
38. 马七进九　炮3平2
39. 炮三进三　将6进1
40. 炮一平六　炮2进6
41. 炮六退八　炮5进6
42. 仕五进六　卒7进1
43. 马九进八　象3退5
44. 帅五进一　马8进6
45. 炮六平七　炮5平7
46. 炮三平六　炮2退1
47. 帅五退一　士6退5
48. 炮六退一　将6退1
49. 炮七平四　马6退8

50. 兵五进一 象5进7　　**51.** 马八进七 炮2退4

52. 炮六退三！（图2）

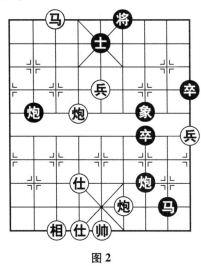

图2

第157局 柳大华胜赵鑫鑫

1. 相三进五 炮8平4　　**2.** 马八进七 马8进7

3. 车九进一 车9平8　　**4.** 马二进四 士4进5

5. 车一平二 马2进1　　**6.** 兵七进一 象3进5

7. 兵九进一 炮2平3

8. 马七进八 炮4进3（图1）

9. 马八进九 炮3平4

10. 炮二平三 车8进9

11. 马四退二 车1平2

12. 兵三进一 马1退3？

13. 炮八平七！前炮退2

14. 兵九进一 后炮平1

15. 车九平六 车2进3？

16. 车六进四！炮1平4

17. 车六平四 马3进1

18. 车四平八 车2进1

19. 兵九平八 前炮平1

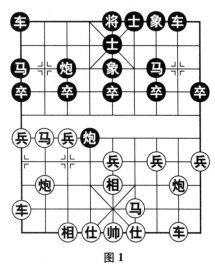

图1

20. 兵八平九　炮1平2　　21. 兵九进一　马1退3

22. 兵九平八　马3进2　　23. 炮七进四　炮4进4

24. 兵七进一　马2进1　　25. 炮七进一　象5进3

26. 兵三进一　马7退8　　27. 兵三进一　象7进5

28. 兵一进一　卒5进1　　29. 炮七退一　炮4退3

30. 马二进四　马8进6　　31. 马四进二　象3退1

32. 马二进三　马1进3　　33. 兵三进一　炮4退1

34. 兵三进一　马6进5　　35. 炮七平一　将5平4

36. 马三进五　马3退4　　37. 炮三进四　马5进7

38. 炮三平六　将4平5　　39. 炮一平三　炮4退1

40. 兵三平四　士5退4　　41. 马五进六　马4退6

42. 马六退八　士6进5

43. 马八进七　士5进6

44. 炮三进一　马6退8

45. 马七退九　马7退5

46. 炮三进一　士4进5

47. 兵四平五　将5进1

48. 炮三平六　将5平4

49. 马九进八　将4进1

50. 兵五进一　马5进7

51. 兵五进一　马7进9

52. 炮六退五　象5退3

53. 马八退七（图2）

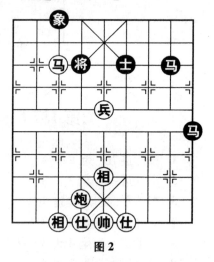

图 2

第 158 局　柳大华胜何文哲

1. 相三进五　炮8平4　　2. 马八进七　卒3进1

3. 车九进一　马8进7　　4. 马二进四　马2进3

5. 车九平六　炮2平1　　6. 炮八进四　车1平2（图1）

7. 炮八平三　士6进5　　8. 兵三进一　象7进5

9. 车一进一　车9平6　　10. 马四进三　车2进5

11. 车六平四　车2平6　　12. 车四进三　车6进5

13. 车一平四　车6进3　　14. 马三退四　炮4进4

15. 兵一进一　卒1进1　　16. 炮二进二　马3进4

17. 兵七进一　卒 3 进 1
18. 炮二平七　炮 4 平 3
19. 炮三平二　马 7 进 8
20. 炮二进二　马 4 进 2
21. 仕六进五　马 2 进 3
22. 炮七退二　炮 3 平 2
23. 仕五退六　炮 1 进 4
24. 仕四进五　卒 1 进 1 ?
25. 炮七进四 !　炮 1 进 3
26. 炮七平一　马 8 进 6
27. 仕五进六　卒 1 进 1
28. 炮二退四　马 6 退 4
29. 炮二进五　士 5 进 6
30. 炮二退三　马 4 进 6

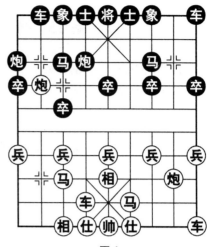

图 1

31. 炮二退二　马 6 退 4
32. 兵一进一　卒 1 进 1
33. 兵一平二　卒 1 平 2
34. 兵二进一　卒 2 平 3
35. 炮一退五　炮 2 进 3
36. 炮二退一　炮 2 退 8
37. 炮二平四　炮 2 平 4
38. 仕六退五　炮 1 退 1
39. 帅五平四　士 6 退 5
40. 炮一进八　士 5 进 4
41. 炮四进五　将 5 平 6
42. 炮四退五　将 6 平 5
43. 马四进二　炮 4 平 6
44. 帅四平五　马 4 进 5
45. 兵二平三　炮 6 平 3
46. 马二进一　炮 1 退 5
47. 马一进二　士 4 进 5
48. 炮四进三　炮 1 平 6
49. 前兵平四　卒 5 进 1
50. 兵四平五　马 5 进 7
51. 兵五平六　卒 5 进 1
52. 炮一退四　卒 5 平 6
53. 炮一平五　卒 6 平 7 ?
54. 兵六进一 !　将 5 平 6
55. 兵六进一　炮 3 进 2
56. 兵六平五　炮 3 平 5
57. 马二进一　炮 5 退 2
58. 炮五进三（图 2）

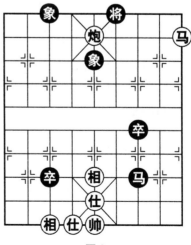

图 2

第 159 局　胡荣华胜许文学

1. 相三进五	炮8平4	2. 炮二平三	马8进7
3. 炮三进四	卒3进1	4. 马二进三	马2进3
5. 兵三进一	象3进5	6. 车一平二	马3进4
7. 马八进九	马4进3		
8. 炮八进四	马3进4（图1）		
9. 车九进一	马4退2		
10. 兵三进一	象5进7		
11. 车九平七	卒3进1		
12. 相五进七	马2退4		
13. 车七进二	马4退3		
14. 相七退五	象7进5		
15. 炮八平六	车1平3		
16. 车二进四	炮2退1		
17. 车二平八	炮4平2		
18. 车八平六	车9进1		
19. 车六进一	车9平3		

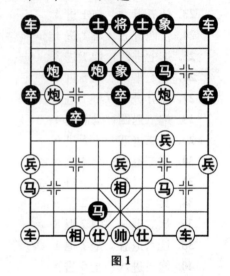

图1

20. 车七进一	前炮进2	21. 车六退一	前车平6
22. 炮六平八	前炮进3	23. 车六退二	后炮进1
24. 炮八平六	前炮退3	25. 马九退七	士6进5
26. 仕四进五	前炮退1？	27. 车六进三！	马3退4
28. 车七进五	马4退3	29. 兵九进一	车6进5
30. 炮六平七	马3进4	31. 马七进六	象7退9
32. 马三进二	车6平9	33. 兵五进一	车9进3
34. 仕五退四	车9退5	35. 兵五进一	卒5进1
36. 炮三平八	车9平8	37. 炮七进一	车8进1
38. 炮七平五	炮2平5	39. 炮八进三	马4退3
40. 车六平七	车8退2	41. 车七进四	车8平2
42. 炮八平九	象9退7	43. 马六进七	炮5平6
44. 车七退三	车2退3	45. 炮九退一	象7进5
46. 马七退六	卒5进1	47. 车七平三	马7退6
48. 马六进五	炮6进4	49. 仕四进五	车2进1

50. 炮九进一　车2退1

51. 炮九退一　车2进1

52. 炮九进一　车2退1

53. 炮九退一　象5退3

54. 马五退七　马6进5

55. 车三平一　马5退3

56. 马七进五　车2进4?

57. 马五进四!　将5平6

58. 马四进二　将6平5

59. 车一进三（图2）

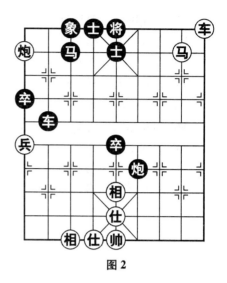

图2

第 160 局　于幼华胜赵国荣

1. 相三进五　炮8平4
2. 车一进一　马8进7
3. 车一平六　士6进5
4. 马八进九　车9平8
5. 炮八平七　马2进1
6. 车九平八　车1平2
7. 车八进四　卒1进1
8. 车六进四　炮2进2（图1）
9. 马二进一　象7进5
10. 兵一进一　车8进6
11. 炮二平四　卒3进1
12. 车六进一　炮2退3
13. 仕六进五　车8退2
14. 车六退二　炮2平4
15. 车八进五　后炮进4
16. 车八退五　前炮退2
17. 兵九进一　卒1进1
18. 车八平九　车8平9
19. 炮七平八　马1进3
20. 马九进八　车4进1
21. 兵七进一　马3退1
22. 兵七进一　车4平9
23. 相五进三　车9退1

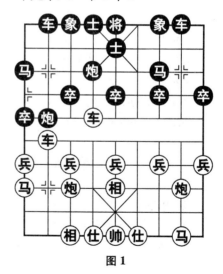

图1

24. 车九进二　前炮进 5　　　　25. 兵七平六　卒 7 进 1
26. 炮八平五　卒 7 进 1　　　　27. 兵三进一　前炮平 2
28. 马一进二　车 9 平 8　　　　29. 炮四进二　炮 4 平 3
30. 炮五平七　马 7 进 6　　　　31. 炮七平二　车 8 平 9
32. 马二进三　炮 2 进 1　　　　33. 仕五退六　车 9 进 4
34. 车九退六　炮 2 退 3　　　　35. 仕六进五　车 9 退 2
36. 兵六平五　卒 5 进 1　　　　37. 马八进六　炮 3 进 2
38. 马三进一　马 6 退 8?　　　　39. 车九进六　炮 2 进 3
40. 仕五退六　炮 3 退 1?　　　　41. 炮二平九!　车 9 进 1
42. 炮九进五　车 9 平 5　　　　43. 仕四进五　车 5 平 3
44. 炮九平七　象 5 退 7　　　　45. 帅五平四　炮 3 进 6
46. 炮七退七　车 3 进 2　　　　47. 帅四进一　车 3 退 4
48. 炮四平五!　马 8 退 6
49. 马六进八　炮 2 退 1
50. 帅四退一　炮 2 进 1
51. 帅四进一　炮 2 退 1
52. 帅四退一　炮 2 进 1
53. 帅四进一　车 3 平 4
54. 马八进七　将 5 平 6
55. 马一退三　炮 2 退 1
56. 帅四退一　卒 5 进 1
57. 马三进二　将 6 进 1
58. 车九平三　卒 5 平 6
59. 车三进二　将 6 退 1
60. 车三进一（图 2）

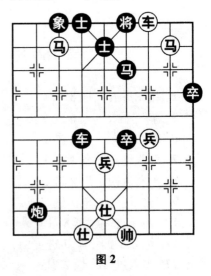

图 2

第 161 局　董旭彬胜陆伟韬

1. 相三进五　炮 8 平 4　　　　2. 马八进九　马 8 进 7
3. 车九进一　车 9 平 8　　　　4. 车九平六　马 2 进 3
5. 马二进一　卒 3 进 1　　　　6. 车一平二　车 8 进 4（图 1）
7. 车六进五　炮 4 平 6　　　　8. 炮二平三　车 8 平 4
9. 车六平七　象 3 进 5　　　　10. 仕四进五　士 6 进 5
11. 车二平四　炮 2 退 2　　　　12. 车四进六　炮 2 平 3

13. 车七平八　卒7进1

14. 车四平三　马7退6

15. 兵三进一　卒7进1

16. 车三退二　卒1进1

17. 马一进三　车1进3

18. 车八进二　车4平8

19. 车三进二　车8进5

20. 仕五退四　车1平4?

21. 仕六进五　车4进1

22. 车三进二!　车8退3?

23. 炮八进五!　象7进9

24. 车三平四　象9进7

25. 马三进五　马6进8

26. 车八平七　卒5进1

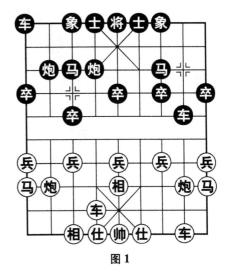

图1

27. 马五进三　象5进7

28. 车七退一　炮6平2

29. 车七平八　炮3进1

30. 车四退三　马8进6

31. 车八平七　炮3平2

32. 炮三平四　车8退4

33. 车七平八　炮2平1

34. 兵五进一　炮1进5

35. 兵五进一　车4进1

36. 兵一进一　炮1退1

37. 兵一进一　卒9进1

38. 炮四进五　车8平6

39. 车八平四　士5进6

40. 车四进二　车4平5

41. 兵五平六　车5进1

42. 车四退二　炮1平8

43. 仕五进六　炮8进4

44. 仕四进五　车5平7

45. 帅五平四　士4进5

46. 车四退一　车7进3

47. 帅四进一　炮8退9

48. 兵六平七　象7退5

49. 前兵进一　炮8平6

50. 车四平七　车7平8

51. 车七平五　象5退3

52. 仕五退六　车8平4

53. 帅四平五　车4退2

54. 马九进八　车4退5

55. 车五进一　卒1进1

56. 马八进六　将5平4

57. 马六进八　炮6平5

58. 车五进三　车4退1

59. 车五退三　炮5进2

60. 前兵进一　车4平2

61. 马八退六（图2）

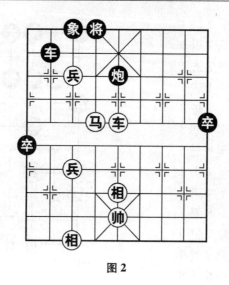

图2

第162局　林宏敏负陈寒峰

1. 相三进五	炮8平4	2. 马八进七　马8进7
3. 马二进一	车9平8	4. 车一平二　卒3进1
5. 炮八平九	马2进3	
6. 车九平八	车1平2（图1）	
7. 车八进六	炮2平1	
8. 车八平七	车2进2	
9. 兵七进一	炮4平6	
10. 马七进六	象7进5	
11. 炮二进四	卒7进1	
12. 马六进五	马3进5	
13. 车七平五	卒3进1	
14. 车五平三	马7退9	
15. 炮二退二	士4进5	
16. 炮二进三	车8平7	
17. 炮二进二	车2进4	

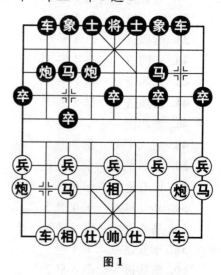

图1

18. 炮九进四	炮6平8	19. 车三进三　马9退7
20. 车二进六	卒9进1	21. 兵五进一　车2平5
22. 炮九退一	车5退1	23. 炮九平一　炮8平9

24. 炮一进一　卒 3 进 1　　　　25. 仕四进五　卒 3 平 4

26. 兵一进一? 卒 4 平 5!　　　　27. 马一进二　卒 7 进 1

28. 相五进三　车 5 平 3　　　　29. 相三退五? 卒 5 进 1!

30. 相七进五　炮 1 平 2　　　　31. 相五退七　炮 2 进 7

32. 仕五进四　车 3 进 4　　　　33. 帅五进一　车 3 退 1

34. 帅五进一　车 3 退 1　　　　35. 帅五退一　车 3 进 1

36. 帅五进一　车 3 退 4　　　　37. 车二平六　车 3 平 8

38. 炮一平二　车 8 平 5　　　　39. 帅五平六　炮 2 退 7

40. 马二进三　车 5 平 7　　　　41. 后炮退二　炮 2 平 4

42. 车六平五　炮 9 平 6　　　　43. 后炮平八　炮 4 退 2

44. 帅六平五　车 7 进 2　　　　45. 兵一进一　车 7 退 1

46. 炮八平五　炮 4 进 2　　　　47. 兵一进一　炮 6 进 4

48. 兵一平二　炮 6 平 7　　　　49. 马三进四　车 7 平 6

50. 马四退三　车 6 平 7

51. 马三进四　车 7 平 6

52. 马四退三　车 6 平 7

53. 兵九进一　炮 7 退 3

54. 兵二平三　车 7 平 8

55. 兵三平二　车 8 平 6

56. 兵九进一　将 5 平 4

57. 兵九进一　将 4 进 1

58. 兵九平八　马 7 进 6

59. 炮五退一　象 5 进 3

60. 炮五平六　车 6 平 4

61. 炮六进四　车 4 退 3

62. 车五平四　车 4 平 5（图 2）

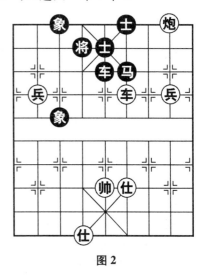

图 2

第 163 局　于幼华负蒋川

1. 相三进五　炮 8 平 4　　　　2. 炮八平六　马 8 进 7

3. 马八进七　炮 2 平 3　　　　4. 车九平八　马 2 进 1

5. 兵七进一　卒 3 进 1　　　　6. 马七进六　卒 3 进 1（图 1）

7. 炮六进五　卒 3 平 4　　　　8. 车八进七　车 9 平 8

9. 马二进四　马 7 退 5　　　　10. 炮六进一? 车 8 进 2

11. 车一平二　车1平2!

12. 车八进二　马1退2

13. 炮二进四　卒7进1

14. 炮二平九　车8平6

15. 马四进二　车6平8

16. 马二退四　车8进7

17. 马四退二　炮3平5

18. 马二进三　马2进3

19. 炮九平一　马3进2

20. 兵三进一?　卒7进1

21. 相五进三　马2进1

22. 相三退五　马1进3!

23. 仕四进五　马3退5

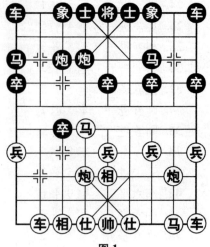

图1

24. 马三进二　后马进7

25. 炮一平三　士6进5

26. 兵一进一　炮5平2

27. 兵一进一　象7进5

28. 炮六退二　炮2进3

29. 马二退四　马5退6

30. 炮六退一　卒4平5

31. 炮三退六　马6进5

32. 马四退二　炮2退1!

33. 炮六平三　马5进7

34. 前炮进一　前卒平6

35. 兵一平二　卒5进1

36. 兵二平三　前马退8

37. 前炮平二　马7进5

38. 炮二退一　炮2进3

39. 马二退四　卒5进1

40. 兵三进一　马5进7

41. 炮三平一　象5退7

42. 炮一进九　士5退6

43. 马四进三　士4进5

44. 马三进一　将5平4

45. 炮一平二　马7进6

46. 前炮退五　马6退8

47. 马一进二　炮2退3

48. 兵三平四　炮2平7

49. 仕五进四　卒6进1

50. 仕六进五　马8进9

51. 炮二退三　马9退8

52. 兵四平五　卒5平6

53. 兵五平六　炮7平5

54. 帅五平六　炮5平9

55. 帅六平五　象3进5

56. 炮二退一　炮9平5

57. 帅五平六　炮5平4

58. 炮二平四　马8进9

59. 马二退一　炮4进1

60. 马一退二　马9退8

61. 帅六平五　炮4平5

62. 帅五平六　马8进7

63. 炮四平一　前卒平7

64. 炮一进一　马7进8

65. 炮一进二　炮5退1

66. 炮一平二　卒7平8　　　　67. 马二退三　马8退9

68. 炮二进一　马9进7　　　　69. 马三进一　炮5平4（图2）

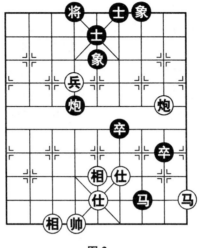

图2

第164局　胡荣华负李来群

1. 相三进五　炮8平4　　　　2. 炮二平三　马8进7

3. 炮三进四　车9平8　　　　4. 马二进三　象7进5

5. 车一平二　车8进9　　　　6. 马三退二　卒3进1（图1）

7. 炮八进四　马2进3

8. 炮八平七　车1平2

9. 马八进七　炮2平1

10. 马二进四　卒1进1

11. 兵五进一　卒1进1

12. 车九进一　士4进5

13. 马七进五　车2进5

14. 车九平六　炮1进4

15. 马五进三　车2平5

16. 仕四进五　车5平6

17. 马四进二　马3进1

18. 炮三平二　车6退1

19. 炮二进一　马1进2

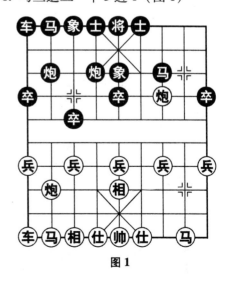

图1

20. 炮七平一	车6平4		21. 车六平八	车4平8
22. 炮一平二	车8平6		23. 兵七进一?	卒3进1
24. 相五进七	马7进8		25. 前炮平六	士5进4
26. 车八进二	士6进5		27. 兵一进一	马8进6
28. 兵一进一	马6退4		29. 炮二退一	马4退2
30. 相七退五	后马进4		31. 马三进二	车6平7
32. 炮二退一	马2退1		33. 兵三进一	车7退1
34. 兵一平二	马1进3		35. 相五进七	炮1进3
36. 炮二平一	车7退1		37. 炮一进二	马4退3
38. 车八平四	炮1平2		39. 车四平八	炮2平1
40. 炮一进三	将5平4		41. 车八平四	将4进1
42. 炮一退六	将4退1		43. 车四进五	卒1平2
44. 炮一平六	将4平5		45. 炮六平三	炮1退8
46. 车四退三	车7平9		47. 兵二平一	卒2平3
48. 后马进一	车9退2		49. 炮三平四?	卒3平4!
50. 炮四退二	将5平4		51. 兵一进一	炮1进2
52. 车四平二	车9进3		53. 车二退一	车9退3
54. 马二退四	卒4进1		55. 炮四平一	车9平6
56. 兵三进一	象5进7		57. 马四进三	车6平7
58. 炮一平三	车7平9		59. 马三进二	车9进1
60. 炮三平一	车9平7		61. 马一退二	象7退5
62. 炮一进八	象5退7		63. 前马退三	士5退6
64. 车二平三	将4平5			
65. 炮一退三	象3进5			
66. 炮一平九	后马进1			
67. 马二进一	车7平8			
68. 马三退四	车8进5			
69. 马一退三	车8进1			
70. 车三平六	士6进5			
71. 车六进二	马1进2			
72. 车六平八	马2进3			
73. 马三进一	车8进2			
74. 仕五退四	后马进5			
75. 仕六进五	马3进5!（图2）			

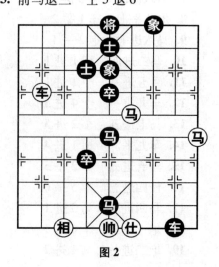

图2

第165局 赵鑫鑫胜郑惟桐

1. 相三进五	炮8平4	**2.** 马八进七	马8进7
3. 车九进一	车9平8	**4.** 马二进四	马2进3
5. 兵七进一	车8进4	**6.** 车一平二	卒3进1
7. 炮二平三	车8进5	**8.** 马四退二	卒3进1
9. 相五进七	马3进4		
10. 车九平四	卒7进1（图1）		

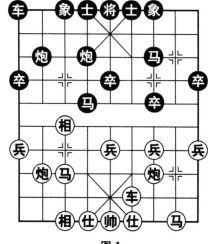

图1

11. 炮三进三	象3进5?		
12. 炮三进一	炮2平3		
13. 车四进四	马4进3		
14. 车四平八	车1平3		
15. 相七进五	士6进5		
16. 马二进三	炮3进1?		
17. 炮三平七	车3进3		
18. 兵三进一	马3进5		
19. 炮八平五	车3进2		
20. 马三退五	车3平7		
21. 车八退一	车7进1		
22. 车八平五	车7平9	**23.** 车五平三	车9退2
24. 马五进三	车9平3	**25.** 马七进八	卒1进1
26. 马三退五	卒9进1	**27.** 马五进七	车3进2
28. 炮五平三	马7进6	**29.** 车三平四	马6退7
30. 炮三进一	车3退2	**31.** 车四平三	马7进6
32. 炮三退二	车3进2?	**33.** 炮三平七	车3平2
34. 马八进六	车2进2	**35.** 炮七平三	马6退8
36. 车三进二	马8进9	**37.** 仕四进五	车2退4
38. 马六进四	炮4退1	**39.** 马四退三	炮4平3
40. 车三平五	车2平3	**41.** 马七退九	马9退7
42. 车五退一!	车3进1	**43.** 炮三进四	车3平7
44. 炮三平九	车7平2	**45.** 车五退一	车2进3
46. 炮九进四	车2退8	**47.** 炮九退三	车2进8
48. 车五平七	炮3平1	**49.** 帅五平四	炮1进5

50. 车七平四	车2退5	51. 炮九进三	车2退3
52. 炮九退三	车2进3	53. 炮九进三	象5退3
54. 马九进七	炮1退4	55. 马七进六	炮1平6
56. 帅四平五	车2平1	57. 炮九平八	炮6平2
58. 帅五平四	炮2退1	59. 马六进八	炮2平3
60. 车四平七	车1平2	61. 马八进六	车2平4
62. 车七进四	象7进5	63. 兵五进一	车4平2
64. 炮八平九	车2退3	65. 炮九退七	车2进7
66. 炮九进七	车2退7	67. 炮九退七	车2进5

68. 兵五进一	车2退1
69. 兵五进一	车2退1
70. 兵五进一	象3进5
71. 车七退一	车2平1
72. 炮九平八	车1平2
73. 炮八平九	车2平1
74. 炮九平八	车1平2
75. 炮八平九	象5进7
76. 车七平三	车2平6
77. 帅四平五	将5平6
78. 车三进二	将6进1
79. 车三退一	将6退1
80. 炮九进七	（图2）

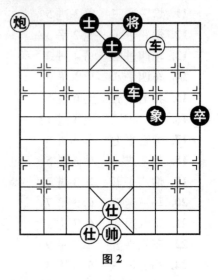

图 2

第 166 局　潘振波负汪洋

1. 相三进五	炮8平4	2. 车一进一	马8进7
3. 车一平六	马2进3	4. 炮八平七	车9平8
5. 马二进四	炮4平6	6. 马八进九	象3进5
7. 车九平八	车1平2	8. 车八进四	炮2平1
9. 车八平四	士4进5	10. 车四进二	车2进4（图1）
11. 车四平三	车2平6	12. 马四退二	车8进2
13. 兵九进一	卒3进1	14. 马九进八	炮1进3
15. 车六平九	炮1退1	16. 马八进七	炮6进7
17. 车九平四	车6进4	18. 马二进四	炮6平7

19. 相五进三　炮1进1

20. 兵七进一？炮7退1

21. 炮二进四　炮1平7!

22. 炮七平二　后炮平8

23. 车三平四　马7进8

24. 前炮退二　马8退6

25. 后炮进五　马6退8

26. 兵三进一　卒3进1

27. 炮二平七　象5进3

28. 相七进五　象7进5

29. 仕六进五　炮7平8

30. 马四进二　士5进6

31. 炮七退二　马8退6

32. 相五进七　马6退4

34. 相七退九？马2进3!

36. 相九退七　卒1进1

38. 炮七平八　卒1平2

40. 马二进四　炮8退7

42. 马二进一　卒2进1

44. 相五退三　卒3平4

46. 帅六平五　象3退1

48. 炮八平九　马3进2

50. 马一退三　炮9进6

52. 炮九平五　将5平4

54. 帅五平六　将4平5

56. 炮一平五　将5平6

58. 炮四平五　将5平6

60. 炮四平五　将5平6

62. 炮五平四　将6平5

64. 炮五平一　卒4平5

66. 马五进六　象5进7

68. 帅六平五　卒5进1

70. 炮一退三　马3退2

72. 帅五平六　卒6进1

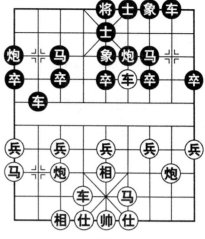

图1

33. 兵五进一　马4进2

35. 炮七进四　卒9进1

37. 帅五平六　卒1进1

39. 相七进五　士6进5

41. 马四进二　炮8平9

43. 炮八退二　卒2平3

45. 炮八退一　炮9退1

47. 兵三进一　卒4平3

49. 炮九进二　象5进7

51. 兵五进一　卒5进1

53. 炮五平一　马2进4

55. 马三退五　卒3平4

57. 炮五平四　将6平5

59. 炮五平四　将6平5

61. 相三进一　象1退3

63. 炮四平五　象3进5

65. 相一进三　炮9平6

67. 马六退四　马4进3

69. 仕五退四　卒5平6

71. 仕四进五　士5进4

73. 仕五进四　炮6退1

74. 马四进六　马2进4
75. 马六退五　炮6退1
76. 炮一进一　炮6平4
77. 帅六平五　马4进6
78. 炮一平五　将5平4
79. 马五退三　卒6平7
80. 帅五进一　炮4平5
81. 相三退五　士4退5
82. 马三进一　马6退7
83. 炮五进一　马7进9（图2）

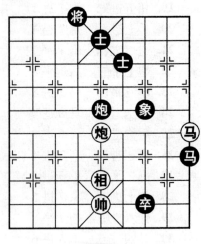

图2

第 167 局　赵冠芳胜伍霞

1. 相三进五　炮8平4
2. 马二进一　马8进7
3. 兵七进一　马2进1
4. 马八进七　车1进1
5. 车九进一　车1平8
6. 车一平二　车8进3
7. 车九平六　士6进5
8. 兵九进一　卒9进1（图1）
9. 车六进三　卒1进1
10. 兵九进一　车8平1
11. 车六平四　卒7进1
12. 炮二平四　象7进5
13. 仕四进五　炮2进4
14. 车四平六　车1平6
15. 车六退一　炮2退5
16. 兵五进一　卒3进1
17. 兵七进一　车6平3
18. 炮八退一　炮2平3
19. 炮八平七　车3平2
20. 炮七进七　马1退3

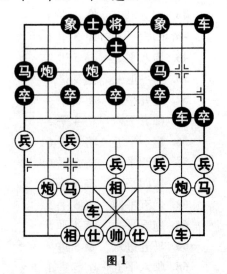

图1

21. 车二进六　车9平8
22. 车二进三　马7退8
23. 马一退三　马8进6

24. 马三进四　马6进8　　　25. 车六平五　马3进4

26. 兵五进一　卒5进1　　　27. 马四进五　马4进6

28. 炮四进二　车2平4　　　29. 马五进六　士5进4

30. 车五进三　马6进4　　　31. 马七进五　车4平6

32. 车五退二　马4退3　　　33. 马五进七　马3退1

34. 炮四退二　士4进5　　　35. 车五平二　马8退6

36. 炮四平一　马1进2　　　37. 马七进八　马2进3

38. 马八进七　将5平4　　　39. 相五进七!马3进2

40. 炮一平九　车6平3　　　41. 炮九平七　车3平5

42. 相七进五　车5退1　　　43. 车二平六　车5进3

44. 车六退三　马2退1　　　45. 炮七平六　车5平4

46. 车六平七　马1退2　　　47. 炮六平九　车4平1

48. 车七平八　马2进4　　　49. 车八进八　马6进7

50. 车八退三　马7进5　　　51. 车八平二　马5进4

52. 车二进三　将4进1　　　53. 马七退六　车1平2

54. 炮九平六　后马进6　　55. 炮六退一　车2退3

56. 帅五平四　车2平3　　　57. 车二退三　将4退1

58. 相七退九　马6退5　　　59. 车二进三　将4进1

60. 马六退五　车3平6　　　61. 帅四平五　车6进2

62. 马五退七　士5退6　　　63. 车二退一　将4退1

64. 车二平八　将4平5　　　65. 车八退六　车6进1

66. 车八平七　车6平7

67. 马七进六　象5进3

68. 马六进七　车7平9

69. 相五退三　车9平7

70. 相三进一　车7平8

71. 相一退三　卒7进1

72. 炮六平八　车8退3

73. 炮八进八　象3进1

74. 炮八退四　马5进6

75. 马七退六　卒7进1

76. 车七平五　士6进5

77. 车五进一　马4进3

78. 帅五平四　车8进6?

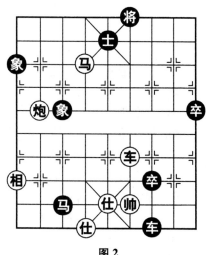

图2

79. 马六进四！ 车8平7 　　**80.** 帅四进一 车7退1

81. 帅四退一 车7进1 　　**82.** 帅四进一 卒7进1

83. 马四进六 将5平6? 　　**84.** 车五平四（图2）

第 168 局　胡荣华和刘殿中

1. 相三进五 炮8平4 　　**2.** 马八进七 马8进7

3. 车九进一 车9平8 　　**4.** 马二进四 马2进1

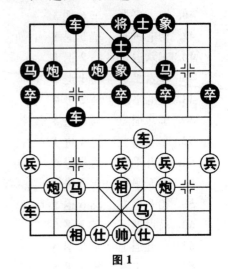

图1

5. 兵七进一 车8进4

6. 车一平二 卒3进1

7. 兵七进一 车8平3

8. 炮二平三 士4进5

9. 车二进四 象3进5

10. 车二平四 车1平3（图1）

11. 马七进六 卒7进1

12. 兵三进一 卒7进1

13. 车四平三 马7进6

14. 炮八平七 前车平4

15. 马六进四 车4平6

16. 车九平八 炮2进2

17. 马四进三 车6平4

18. 车八平四 炮2进5 　　**19.** 仕四进五 炮4进7

20. 车三平八 炮4退3 　　**21.** 车八退四 炮4平7

22. 车四进七 炮7平1 　　**23.** 车八进三 炮1进3

24. 车八退三 炮1退5 　　**25.** 车八进六 车3平2?

26. 车八平九！ 马1进3 　　**27.** 炮七平六 马3进2

28. 车九进一 车4平8 　　**29.** 车九平五 车8进5

30. 仕五退四 炮1进5 　　**31.** 炮六退二 马2进4

32. 车五平三 马4进3 　　**33.** 帅五进一 炮1退1

34. 炮六进一 马3退4 　　**35.** 帅五退一 炮1进1

36. 炮六退一 马4进3 　　**37.** 帅五进一 士5进6

38. 帅五平四? 车8退1 　　**39.** 炮三退一 炮1平4

40. 车四退一 炮4退9 　　**41.** 车三进二 车2进1

42. 仕四进五 炮4平2! 　　**43.** 仕五进四 马3进5

44. 帅四退一　车8进1　　45. 炮三退一　马5退3

46. 车四平七　车2平4　　47. 车七退六　炮2进9

48. 帅四进一　车8平7　　49. 车三退九　炮2平7

50. 车七进八　车4退1　　51. 车七退三　炮7平9

52. 车七平五　士6进5　　53. 兵五进一　车4进8

54. 帅四退一　车4进1　　55. 帅四进一　车4退1

56. 帅四退一　车4退2　　57. 兵五进一　车4平5

58. 仕四退五　卒9进1　　59. 车五平三　车5平6

60. 仕五进四　车6进1　　61. 帅四平五　车6退1

62. 帅五进一　车6平9　　63. 兵五进一　车9平5

64. 兵五平六　卒9进1　　65. 车三进三　士5退6

66. 车三退五　卒9进1　　67. 兵六进一　车5平4

68. 车三平五　将5平4　　69. 兵六平五　卒9平8

70. 车五平四　将4平5　　71. 帅五平四　车4进2

72. 帅四退一　车4进1

73. 帅四进一　车4退1

74. 帅四退一　车4进1

75. 帅四进一　炮9平6

76. 车四平八　炮6平5

77. 帅四平五　炮5平9

78. 车八退一　卒8进1

79. 车八进六　车4退9

80. 车八平六　将5平4

81. 兵五平四　炮9平6

82. 兵四进一　卒8平7

83. 兵四进一　卒7平6

84. 相五进三　炮6退9

85. 相七进九（图2）

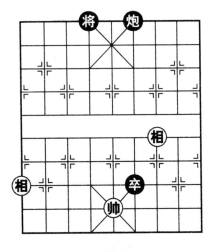

图2

第169局　胡荣华负李来群

1. 相三进五　炮8平4　　2. 马二进四　马8进7

3. 车一平二　马2进1　　4. 马八进七　车1进1

5. 车九进一　车1平6　　6. 炮二平一　士6进5

7. 兵七进一　车6进3

8. 车二进四　车9平8

9. 车二进五　马7退8

10. 兵九进一　马8进7（图1）

11. 兵三进一　象7进5

12. 兵一进一　炮2进2

13. 炮八平九　卒9进1

14. 马七进六　车6进1

15. 兵七进一　炮2进3

16. 炮一平八　车6平4

17. 兵一进一　卒3进1

18. 炮九进四　马1进3

19. 炮八平七　马3进5

20. 炮九进二　车4平2

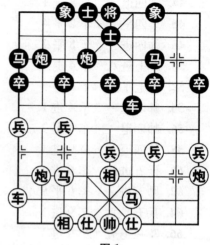

图 1

21. 炮九平六　象3进1

22. 兵九进一　卒3进1

23. 车九进二　车2进2

24. 炮六平七　卒3平4

25. 后炮进五　马7退6

26. 兵九进一　象1退3

27. 车九平七　车2退5

28. 兵五进一　卒4平5

29. 前炮平六　炮4进2

30. 炮七退一　炮4平9

31. 炮七平八　车2平4

32. 车七进五　马6进7

33. 炮八退四　炮9退3

34. 炮八平七　象3进1

35. 炮六平一　马7退9

36. 兵九进一　车4平1

37. 马四进六　前卒平4

38. 车七平六　象5进3

39. 炮七平九　马5进6

40. 仕六进五　象3退5

41. 炮九平七？车1退2

42. 炮七退一　卒5进1

43. 马六进八　车1平3

44. 炮七平九　卒5进1

45. 炮九进六　车3平1

46. 炮九进一　马9进7

47. 马八进九　马7进5

48. 仕五进四　象5退7

49. 车六平七　马5进3

50. 马九进七　卒4进1

51. 炮九平八　马3退5

52. 仕四进五　马6退4

53. 炮八退四　马4退3

54. 车七退二　车1平2

55. 炮八平九　车2进1

56. 炮九进五　车2退5

57. 炮九退三　马5进6

58. 车七退二　马6退5

59. 炮九平三　卒5进1

60. 炮三平二　车2进2

61. 车七平五　马5进3

62. 车五进一　象7进5
63. 炮二退五　卒5平6
64. 炮二进六　车2进3
65. 兵三进一?　马3进2
66. 车五进二　车2平8
67. 相五退三　马2进3
68. 帅五平四　卒6进1
69. 车五平七　卒6进1!
70. 帅四进一　车8进3
71. 帅四退一　车8平5
72. 炮二平五　士5进4
73. 相三进五　车5平8
74. 车七退二　车8进1
75. 帅四进一　卒4进1
76. 车七平四　车8退1
77. 帅四退一　卒4平5
78. 相七进五　马3退5
79. 帅四平五　马5进7
80. 帅五平六　车8进1
81. 帅六进一　车8平5
82. 车四退四　马7退8
83. 炮五退六　马8退7
84. 帅六进一　车5平4
85. 炮五平六　马7进5
86. 帅六平五　车4平5
87. 车四平五　车5平2
88. 车五平一　车2退3!（图2）

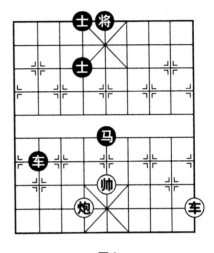

图2

第170局　柳大华负许银川

1. 相三进五　炮8平4
2. 马八进七　马8进7
3. 车九进一　车9平8
4. 马二进四　马2进3
5. 车一平二　车8进4
6. 炮二平三　车8平6
7. 车二进四　卒3进1
8. 马四进二　象7进5（图1）
9. 炮三进四　车1进1
10. 兵七进一　卒3进1
11. 车二平七　马3进4
12. 马二进三　卒1进1
13. 车九平二　车1平6
14. 仕四进五　前车平7
15. 炮三平二　炮2进4
16. 马七进六　士6进5
17. 炮八平六　炮2平7
18. 兵九进一　卒1进1
19. 车七平九　马4进6
20. 炮六进五　士5进4
21. 兵五进一　炮7平3
22. 车九平七　炮3平1

23. 车七平九　炮1平3

24. 车九平七　炮3平1

25. 车七平九　炮1平3

26. 车九退一　炮3退5

27. 车九平七　车7平4

28. 马六退八　车4平7

29. 炮二进三　炮3平1

30. 炮二平一　马7进8

31. 马三退四?　车6平9

32. 车七平四　炮1平8

33. 车二平一　车7进3!

34. 炮一平二　炮8平6

35. 车四平六　车9退1

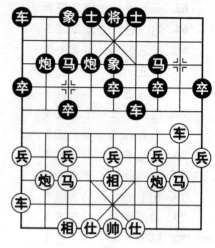

图1

36. 炮二平六　将5平4

37. 马四进三　车7退1

38. 车六进四　将4平5

39. 车一平二?　车9平8

40. 车六退二　马8退7

41. 车二进八　马7退8

42. 车六平四　马6进7

43. 马八进六　马7退9

44. 马三退一　车7平9

45. 车四进二　车9平8!

46. 马六进五　车8进3

47. 仕五退四　炮6平5

48. 兵五进一　车8退5

49. 仕四进五　车8进5

50. 仕五退四　车8退5

51. 仕四进五　车8平5

52. 马五进七　车5平8

53. 马七进五　将5进1

54. 车四退一　卒9进1

55. 车四平一　象5退7

56. 相五退三　象3进5

57. 相七进五　将5退1

58. 仕五进四　车8平7

59. 车一进二　马8进9

60. 仕六进五　卒9进1

61. 车一平八　卒9平8

62. 车八进一　将5进1

63. 车八退一　将5退1

64. 车八进一　将5进1

65. 车八退一　将5退1

66. 车八进一　将5进1

67. 车八退五　卒8进1

68. 车八平二　车7进2

69. 车二进三　车7平6

70. 仕五进六　卒8平7

71. 仕四退五　车6退2

72. 车二进一　将5退1

73. 车二平八　车6进2

74. 车八进一　将5进1

75. 车八退一　将5退1

76. 车八进一　将5进1

77. 车八退五　马9进7

78. 车八平三　马7进5　　**79.** 车三平五　马5退4

80. 车五平三　马4进3　　**81.** 车三平七　车6平4

82. 相五退七　卒7平6　　**83.** 相七进五　卒6平5

84. 相五退七　车4退4

85. 相七进九　将5平4

86. 相九退七　卒5平4

87. 相七进五　马3退5

88. 车七退二　车4进3

89. 车七平八　马5进7

90. 车八进六　将4退1

91. 车八进一　将4进1

92. 车八退七　马7进6

93. 车八平七　将4退1

94. 帅五平六　卒4进1

95. 仕五进六　马6进4（图2）

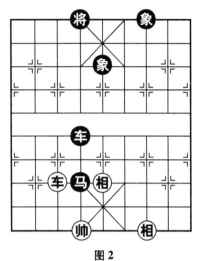

图 2

图书在版编目（CIP）数据

飞相局对左过宫炮/赵寅编 . —北京：经济管理出版社，2015.12

ISBN 978-7-5096-3613-8

Ⅰ.①飞…　Ⅱ.①赵…　Ⅲ.①中国象棋—对局（棋类运动）　Ⅳ.①G891.2

中国版本图书馆 CIP 数据核字（2015）第 018757 号

组稿编辑：郝光明　张　达
责任编辑：郝光明　赵喜勤
责任印制：黄章平
责任校对：超　凡

出版发行：经济管理出版社
　　　　　（北京市海淀区北蜂窝 8 号中雅大厦 A 座 11 层　100038）
网　　址：www.E-mp.com.cn
电　　话：（010）51915602
印　　刷：三河市聚河金源印刷有限公司
经　　销：新华书店
开　　本：720mm×1000mm/16
印　　张：14.5
字　　数：269 千字
版　　次：2015 年 12 月第 1 版　2015 年 12 月第 1 次印刷
印　　数：1—5000 册
书　　号：ISBN 978-7-5096-3613-8
定　　价：38.00 元